El verdadero

amor

nació en un pesebre.

Pedidos:
contacto@amistadlapaz.org

2da. Edición impresa en la Cd. de Puebla, Pue., México

Se imprimieron 1 millar de ejemplares.

índice

Prólogo

En casa de mi abuela -como en muchas casas mexicanas- se acostumbraba poner un nacimiento en miniatura, con decenas de casitas, pequeños pastorcitos, y por supuesto, un establo de madera. ¡Cómo nos encantaba el lago de espejo con patos miniatura, o los Reyes magos, que venían desde lejos con sus regalos!

A cada uno de los nietos mi abuela le asignaba un pequeño borreguito de barro, los cuales se colocaban en el "campo" de musgo, enfilándose hacia el Portal de Belén. Y cada día, si el niño se había portado bien, el borreguito avanzaba un poco, hasta que en el día de Navidad llegara a los pies del bebé Jesús.

El borreguito de algunos hermanos se movía cada día sin parar, acercándose hacia el pequeño Jesús. Tengo que confesar que hubo días en que el mío se tenía que quedar en el mismo lugar, ¡a veces hasta retrocedía!

Aunque siempre disfruté cada Navidad fue hasta mi juventud que me acerqué de otra forma al verdadero Pesebre. Con ayuda de la Biblia fui escudriñando cada personaje de esta maravillosa historia y encontré que ha sido Jesús el que se ha acercado a mi vida, aún a pesar de que yo –así como con mi borreguito de barro- no lo merecía.

Quiero compartir contigo
algunos de esos pasajes bíblicos
esperando que lo que sucedió
en esa **Noche de Paz** te impacte
tanto como a mí.

Alberto Parás

CAPÍTULO 1

La señal del *pesebre.*

LA SEÑAL DEL PESEBRE.

Difícil situación. Una familia viajando probablemente en contra de su voluntad porque no estaban en el mejor tiempo para viajar. Ella estaba a punto de dar a luz. Pero eran órdenes del gobernante...

Cuando un bebé necesita nacer, necesita nacer, en ese momento. No podemos anticipar con exactitud el día preciso del alumbramiento, y cuando este tiempo llega no hay mucho que hacer para posponerlo. ¡Pero no había un lugar apropiado para hospedarse! ¿Estaría apenado José? Seguramente. No era lo que habían planeado. ¿Cómo podría haber hecho, en ese tiempo, reservaciones anticipadas para conseguir un lugar más conveniente?

Y el bebé nació. La alegría sobrepasó la incomodidad. ¿Cómo no alegrarse con el nacimiento de un hijo?

El Pesebre. *Una cuna muy peculiar.*

De los cuatro evangelios Bíblicos, dos de ellos narran la historia del nacimiento de este bebé tan especial. Lucas, uno de ellos, es el que lo hace con mayor detalle, en el capítulo dos de este libro podemos leer:

Por aquellos días Augusto César decretó que se levantara un censo en todo el imperio romano. (Este primer censo se efectuó cuando Cirenio gobernaba en Siria.) Así que iban todos a inscribirse, cada cual a su propio pueblo. También José, que era

Y el bebé Jesús fue "*acostado en un pesebre*". En ese rústico cajón de madera donde se le pone alimento a los animales colocaron al recién nacido. De hecho es una buena idea, quizá el lugar más limpio del establo y lo más parecido a una cuna.

Lucas nos narra cómo un ángel les anunció esa misma noche a un grupo de pastores el nacimiento de Jesús:

No sé si has tenido un encuentro con un *"ángel del Señor"*, supongo que no muchos lo han tenido. ¿Te puedes imaginar la escena? Un resplandor, la noche se iluminó y tuvieron gran temor porque no es de todos los días que se te aparezca un ángel, y menos en la noche y sin aviso. Siempre las experiencias sin antecedentes nos causan cierto temor, por eso el ángel les dijo:

¿Del miedo pasar a la alegría? ¿Les ha nacido? ¿Me ha nacido? Cualquiera hubiera dicho: *"que le ha nacido a María y a José"*, sin embargo, el ángel les dijo *"Hoy les ha nacido".* ¿Cómo puede ser esto posible? Los pastorcitos no eran ni siquiera parientes de María y José. Es decir, que este pequeño que acababa de nacer y había sido colocado en un pesebre era para alegría de todo el pueblo, "el Cristo", esto es en griego (el idioma en que se escribió el evangelio de Lucas) "el Ungido", había llegado.

No recuerdo que mis padres me contaran que el día en que nací los ángeles hicieran fiesta, por lo menos visiblemente, ni tampoco que supieran a lo que me iba a dedicar, ¿los tuyos? Pero este recién nacido era el más especial, deseado, esperado, sumamente NECESITADO y con un propósito único y bien definido.

Regresando a la escena del ángel que estaba de festejo por el nacimiento, les da indicaciones a los pastores para que lo visiten:

Buenas noticias. Un Salvador. El Señor. La alegría del pueblo llegó, y el anuncio de esta gran noticia fue dada a un grupo de pastores por una multitud de ángeles del cielo, en una noche común pero especial.

¿Y la señal de todo esto? Que este recién nacido estaba acostado en un pesebre. Suena extraño, ¿no crees? Casi ilógico. Un infante que usa ángeles para anunciar su llegada, cuyo nacimiento no sólo es de gozo para sus padres sino también para todo el pueblo, quien tiene un propósito importantísimo, ¿y el marco para todo éste gran acontecimiento? "Un sencillo pesebre". ¡Qué contraste!

Después de escuchar este anuncio, los pastores, seguramente movidos por curiosidad y tal como nosotros lo hubiéramos hecho, se dieron a la búsqueda de la señal. Pudo haber pasado algo así:

> Pastores: -*¿Disculpe, anciano, ha visto usted un bebé recién nacido en un pesebre?*
> Anciano: -*¿Están locos? ¿A quién se le ocurriría poner a un recién nacido en un pesebre?*
> Pastores: -*Es que unos ángeles... usted sabe... de esos que tienen alas, miden más de 4 metros y traen una espada dorada, nos dijeron que buscáramos esta señal del que nos va a salvar.*
> Anciano: -*¡Ja!...pues me imagino que tendrían que buscar en un establo... ¡A dónde ha parado hoy en día la juventud!...*

Cuando los ángeles se fueron al cielo, los pastores se dijeron unos a otros: «Vamos a Belén, a ver esto que ha pasado y que el Señor nos ha dado a conocer.» Así que fueron de prisa y encontraron a María y a José, y al niño que estaba acostado en el pesebre.
Lucas 2:15-16 (énfasis añadido)

Los pastores encontraron la señal y supieron, tal cual el ángel había dicho, que estaban frente al Salvador.

"Lo más *espectacular* de una señal

es creerla y encontrarla."

Setecientos años atrás de estos acontecimientos, existió un hombre que tenía una comunicación especial con Dios, a quien Dios le hablaba sus secretos y él lo transmitía al pueblo, es decir, un profeta. Su nombre era Isaías, y en el libro que lleva su nombre en el Antiguo Testamento él escribió lo siguiente:

Por eso, el Señor mismo les dará una señal: La joven concebirá y dará a luz un hijo y lo llamará Emanuel.
Isaías 7:14 (énfasis añadido)

Yo sé que tú esperas una señal de parte de Dios. Quizá le has dicho "muéstrame si eres real, dame una prueba de que estás interesado en mí, de que estás cerca, de que me amas, de que puedo comunicarme contigo y de que puedo confiar en ti".

Y normalmente lo que se espera es una demostración exuberante y potente de parte de Dios. ¿Cómo reaccionarías si la señal que te enviara de que él es real y de que le importas fuera el nacimiento de un indefenso recién nacido en un lugar sencillo, como un pesebre? ¿Estarías receptivo y entusiasmado por lo que esto podría significar?

Mira cómo reaccionó parte del pueblo judío:

En aquellos tiempos del nacimiento de Jesús, el pueblo hebreo esperaba al Mesías (la palabra hebrea para "El Ungido" o Cristo), al enviado de Dios que llegaría para librarlos de sus problemas, lo cual les había sido anunciado desde hacía mucho tiempo atrás:

El pueblo de Israel tenía muchos problemas apremiantes en esa época. Uno de los más graves era que estaban siendo dominados y oprimidos por el imperio Romano, uno de los ejércitos más fuertes de todos los tiempos. Por lo que esperaban con ansia a su Rey, quien llegaría con autoridad y poder para liberarlos del imperio, y por fin llegó… un niño sobre un cajón para alimentar al ganado, en una familia sencilla pero dispuesta, en la aldea más olvidada de todas, Belén.

Esto nos puede mostrar un poco el shock que sintieron algunos judíos de la época. Pero la confusión radicaba en que el verdadero enemigo a vencer no era un ejército opresor comandado por un César, sino tres enemigos que habían separado al hombre de Dios. Éstos enemigos son Satanás, el pecado y la muerte, y estos no se derrotan con ejércitos o con poder militar, sino con algo mucho más poderoso, **"un bebé en un pesebre".**

*Cuando vieron al niño, contaron lo que les habían dicho acerca de
él, y cuantos lo oyeron se asombraron de lo que los pastores
decían. María, por su parte, guardaba todas estas cosas en su*

A Dios le plació que esta gran obra tuviera su comienzo de la manera más modesta. No todos los judíos pudieron ver esto, y por no abrazar la señal del humilde pesebre, se perdieron de la libertad más grande que el ser humano puede llegar a recibir.

Que no nos suceda así a nosotros.

"*Jesús* transformó un sencillo pesebre

en un lugar de esperanza"

¿Cuál es la señal que tú esperas? Dios es soberano y Él tiene sus caminos, no va a caminar en nuestras expectativas, creo que ya lo demostró:

Lo más valioso y poderoso de todo el universo llegó a lo más humilde, a un pesebre en Belén. Qué interesante, la Biblia nos da promesas de que Él cambiará nuestro lamento en baile, de que Él es nuestra justicia, que Él abrirá los cielos sobre tu vida, que Él es nuestro sanador. Pero no esperes señales sofisticadas para entonces creer, quizás simplemente Dios te está mandando algo muy sencillo que te sorprenderá, como este pequeño envuelto en pañales que así como es sencillo es poderoso para transformar.

Que la señal en nuestra vida sea el pesebre.

¿Jesús estaría cómodo en el pesebre? Déjame hacer una analogía aquí, la señal del pesebre es algo muy profundo, es una simbología. He aprendido algo, nada de lo que encontramos en la Biblia es por casualidad, ¿será que el pesebre represente nuestro corazón? Un lugar sencillo, sucio, no digno para un Rey, pero aún así un lugar que necesita ser llenado por un Salvador. Es como si al creer en Jesús Él naciera en nuestro corazón, y la historia se repite, un pesebre es un lugar inesperado para un Rey, un corazón, nuestro corazón, es un lugar inesperado para que habite Dios, pero recuerda, es su elección, su diseño y plan, no el nuestro.

Hoy en día los pesebres ya no son vistos de la misma manera, en especial en la época de Navidad. Jesús ha cambiado para siempre su significado. Cuando el Señor llega a nuestro corazón, lo cambia, nunca lo deja igual. Mi corazón era ese pesebre y no era el lugar más adecuado, estaba muy sucio, y aún así Jesús decidió nacer ahí, Él está cómodo ahí. Cuando Él nació en mi corazón no lo dejó igual, lo cambió, lo limpió y lo transformó porque Él tiene el poder para liberarnos, y si se lo permitimos, nunca nos dejará igual.

El proceso en mi vida ha sido amable y no muy rápido pero siempre constante, no ha terminado pero sí ha avanzado. En ocasiones podemos pensar que para poder recibir a Cristo en nuestras vidas, éstas tienen primero que estar limpias y mejoradas, para entonces poder invitarlo, pero la verdad es que nosotros solos no podemos hacer nuestras vidas adecuadas para su presencia. La señal que Dios nos ha dado en el pesebre es que Él se quiere encontrar con el corazón de hombres y mujeres pecadores que se arrepienten y deciden recibirlo y seguirlo, y entonces, Él hará el cambio.

No importa el uso que le dabas a tu corazón antes, hoy Dios te dice: Deja que el Digno nazca en lo indigno, deja que tu corazón sea un pesebre. 

De las etapas en la vida donde estamos más vulnerables es cuando somos bebés. Dependemos totalmente de otros, y si combinas a un recién nacido en un pesebre esto nos habla de un momento de alta vulnerabilidad. Es hermoso ver cómo el Rey de reyes se hizo vulnerable, esto me habla de dos cosas: Humildad y Accesibilidad.

¿Tienes hormigas en tu jardín? Imagínate que de repente el jardinero toma la podadora para cortar el pasto y está por pasar encima del hormiguero, ¿qué haces tú?

Vas corriendo con las hormigas y les dices: "*¡Huyan que ahí viene el jardinero! ¡Cuidado!*" y, ¿qué hacen las hormiguitas?... Te voltearán a ver y se dirán entre ellas *"Quién sabe qué dice este humano"* y continuarán cerca del peligro.

La manera más eficiente y quizá única de comunicarte con esos insectos sería que pudieras hacerte hormiga como ellas y así podrías comunicarles en su propio lenguaje esa información tan valiosa que tienes.

Tú, ya hecho hormiga, las entenderías mejor y ellas te prestarían atención y no tendrían escusa para no escucharte. Serías la "hormiga salvadora", pero ¿te das cuenta de que estarías ahora vulnerable a la podadora pero accesible a las hormigas?

Esto es lo que ha hecho Dios con nosotros, somos esos pequeños seres que no entendíamos y estábamos junto a estos enemigos que hemos mencionado.

Él decidió hacerse hombre para venir a comunicarnos la mejor de las noticias:

La actitud de ustedes debe ser como la de Cristo Jesús, quien, siendo por naturaleza Dios, no consideró el ser igual a Dios como algo a que aferrarse. Por el contrario, se rebajó voluntariamente, tomando la naturaleza de siervo y haciéndose semejante a los seres humanos. Y al manifestarse como hombre, se humilló a si mismo y se hizo obediente hasta la muerte, ¡y muerte de cruz!. Por eso Dios lo exaltó hasta lo sumo y le otorgó el nombre que esta sobre todo nombre para que ante el nombre de Jesús se doble toda rodilla en el cielo y en la tierra y debajo de la tierra, y toda lengua confiese que Jesucristo es el Señor, para gloria de Dios Padre.
Filipenses 2:5-11 (énfasis añadido)

¿Puedes ver la humildad que tuvo Dios para llegar a un pesebre? La humildad no es pensar mal de uno mismo, es pensar **menos** en uno mismo. ¡Qué enseñanza!, **Jesucristo se hizo accesible.**

¿Cuándo fue la última vez que comiste con el Presidente de tu país? De hecho no es muy fácil estar con el Presidente, porque está muy ocupado y tenemos que hacer cita, si es que se dignara a darnos una audiencia.

¿Sabías que no hay nadie más accesible que Jesucristo?

Medítalo, el establo donde nació el Mesías es una señal de humildad y accesibilidad, algo sencillo y común, no hay rejas como de un gran castillo que lo aleje de la gente más sencilla. Los pastores no tenían que entrar en protocolos y agendas reales que seguramente alejarían a un puñado de gente de campo que ha estado en un día de trabajo con ovejas, ¿sabes a lo que huele un pastor?

Estos hombres sencillos, lo único que hicieron sin mayor protocolo fue:

> Pastores: -*Buenas noches, perdón la interrupción, disculpe: ¿aquí hay un bebé recién nacido acostado en un pesebre?*
> José: -*De hecho sí… mi esposa acaba de dar a luz en este establo.*
> Pastores: -*¿Podríamos acercarnos para verlo?*
> José: -*Supongo… que sí…. pasen.*
> Pastores: ¡*Wow, tal como nos lo dijo el ángel!*
> José y María: -*¿Ustedes también conocen al ángel del Señor?*

José y María pensaron que estaban perdidos en un pueblo insignificante, Belén, en el peor lugar del pueblo, un establo para animales donde tuvieron que acostar a su pequeño hijo en el cajón de alimento. ¿Quién los podría encontrar allí?, pero Jesús no es difícil de encontrar, recuerda, Él da señales para que lo encontremos y permanece accesible.

> Los Sabios de Oriente: -*Buenas noches señores, la estrella del Señor que hemos venido siguiendo desde hace muchas lunas, nos ha indicado que es aquí donde ha nacido el Rey. Somos sabios que venimos del oriente y nos gustaría poder pasar a conocerlo y a adorarlo. ¿Podemos?*
> José: -*Supongo… que si… pasen, se acaban de ir unos pastores que….. bueno pasen adelante.*
> Los sabios de Oriente: -*Pequeño bebé, te traemos estos regalos dignos de un Rey, dignos de un Dios, dignos de un hombre…*

"Lo más valioso se hizo lo *más* accesible"

"Lo más valioso se hizo lo más accesible". Así opera Dios, ¿quién puede sentirse mal de acercase a un pesebre?, ¿quién puede ser intimidado con un sencillo y humilde establo?

La enseñanza es esta: "Dios quiere que estés cerca", hay **señales para atraerte, y no se te negará la entrada.**

Si hasta ahora tú conoces a un Dios lejano y difícil de aproximar, no es el Dios que nos presenta la Biblia. Jesús está cerca.

¡Vengan a la aguas todos los que tengan sed!, ¡ vengan a comprar y a comer los que no tengan dinero! Vengan, compren vino y leche sin pago alguno. ¿Por qué gastan dinero en lo que no es pan, y su salario en lo que no satisface? Escúchenme bien y comerán lo que es bueno, y se deleitarán con manjares deliciosos, presten atención y vengan a mí, escúchenme y vivirán. Haré con ustedes un pacto eterno.
Isaías 55:1-3

Jesús nació en el lugar más humilde y murió en el lugar más despreciable, ¡pero si es el Rey!, ¡si es Dios! ¿Qué pasa?

Los dos momentos más vulnerables de su vida fueron cuando estaba en el pesebre y cuando estaba en la cruz y son los dos momentos más preciosos.

El profeta anunció que un hijo nos es nacido, y creció a ser un hombre que compartió el mensaje de Dios, que nos dio una fresca revelación del Padre, que sanó paralíticos, que caminó sobre el agua, que calló tormentas y que aun teniendo todo este poder y autoridad decidió ir a la cruz haciéndose nuevamente vulnerable, por amor a nosotros.

Hoy no adoramos a un bebé en un pesebre ni a un preso en una cruz, adoramos al Rey de reyes y Señor de señores, que por el poder del Espíritu Santo resucitó y hoy está sentado a la derecha del Padre.

El pesebre es un lugar donde se coloca la comida, Dios no se equivoca en nada, Jesús fue puesto en el lugar del alimento, porque Jesús es el alimento para ti y para mí.

*"Porque el pan de Dios
es aquel que descendió del cielo
y da vida al mundo.
Le dijeron: Señor, dános siempre este pan.
Jesús les dijo: Yo soy el pan de vida; el que a mí viene,
nunca tendrá hambre; y el que en mí cree,
no tendrá sed jamás".
Juan 6:33-35*

CAPÍTULO 2

La vida de la navidad

LA VIDA DE LA NAVIDAD

Nuestra fuente más confiable de información en cuanto a los acontecimientos de la Navidad, esto es, del Nacimiento de Jesús, son los evangelios, estas narraciones históricas tienen tres propósitos:

- El primero es un propósito **didáctico**. Nos enseñan sobre hechos importantes que ocurrieron y cómo ocurrieron, al leerlos detenidamente contemplando su contexto podemos recibir la enseñanza que Dios tiene para nosotros.
- El segundo es un propósito **simbólico** porque Dios seleccionó estas historias por su Santo Espíritu para ser leídas en el canon Bíblico que tenemos el día de hoy, para encontrar en ellas ilustraciones que nos lleven a entender cómo Dios piensa y actúa. En la narración del nacimiento de Jesús podemos ver múltiples signos de un Dios que ha tomado la iniciativa para darse a conocer al hombre.
- El tercer propósito es uno **profético**, la Biblia fue escrita por hombres pero inspirada por el Espíritu Santo, podemos decir que hay un "espíritu de la Palabra", el cual cada vez que leemos la Biblia tenemos que sacar, tenemos que obtener. Es como un soplo que Dios está haciendo llegar a tu vida que nos habla y nos impacta acerca de realidades que Él tiene para nosotros, y entonces, al recibirlo, lo asimilamos para nuestra vida.

Ya hemos estudiado cómo comienza el evangelio de Lucas, ahora veamos cómo comienza el de Juan, que aunque no describe el nacimiento de Jesús como lo hacen Lucas y Mateo, sí nos da una revelación del comienzo y el propósito de la visitación de Jesús.

La fuente única de vida viene de Dios, y tú y yo la tenemos gracias al soplo divino, gracias a que Dios dio aliento al hombre y a la creación, ésta es la vida tipo "bios" que compartimos con los árboles y los animales. Pero la VIDA de la que está hablando Juan es una superior a la que podemos ver y palpar, la Vida que es Jesús es una Vida eterna.

El mismo Juan en una de sus cartas nos dice:

Podemos tener la vida, "bios" pero no la vida de la que Juan habla que está en Cristo, ya que es una más profunda y sólo viene al creer en Cristo. Poniéndolo en palabras del mismo Jesús:

"Y ésta es la vida eterna: que te conozcan a ti, el único Dios verdadero, y a Jesucristo, a quien tú has enviado."
Juan 17:3 (énfasis añadido)

Y también declaró de Él mismo:

"El pan de Dios es el que baja del cielo y da vida al mundo. - Señor- le pidieron-, danos siempre ese pan. - Yo soy el pan de vida- declaró Jesús-. El que a mí viene nunca pasará hambre, y el que en mí cree nunca más volverá a tener sed."
Juan 6:33-35 (énfasis añadido)

Dios envió a Jesucristo su Hijo para mostrarnos la Vida, para transmitírnosla. Si conocemos a Dios a través de Jesucristo nuevamente él nos dice:

Porque la voluntad de mi Padre es que todo el que reconozca al Hijo y crea en él, tenga vida eterna...
Juan 6:40

En Navidad celebramos que la Vida fue dada a los hombres, celebramos a Jesucristo quien fue dado a ti y a mí. Festejamos que la Vida de Dios, la del universo, la que sostiene todo, la que nos puede librar de nuestro pecado y de la muerte, vino al mundo. Esto es lo que estamos festejando, por eso hacemos nuestros mejores guisados y adornamos nuestras casas y estamos de gran fiesta, ¿verdad?

Hablemos acerca de la Vida. Cada vez que leas la palabra "Vida" me estoy refiriendo a Jesucristo, dado a los hombres por el amor de Dios.

Jesucristo es Vida, y la Vida primero es producida por Dios. Es muy relevante analizar cómo María concibió por el Espíritu Santo. Se le presentó un ángel y le dijo: -Vas a concebir de parte de Dios. Esa Vida que fue puesta en su vientre vino de los cielos y de Dios, no vino de otro lugar, fue una intervención divina que produjo la vida en el vientre de esta jovencita.

Una intervención divina produjo la vida
en este mundo y creó al hombre un ser viviente.
Una intervención divina dio la oportunidad de
vida a la humanidad a través de la persona de
Jesucristo porque la humanidad había muerto por
el pecado. Una intervención divina puede
producir la Vida eterna en tu corazón.

Dios intervino en la historia y envió la Vida, Dios puede intervenir en tú historia y darte un nuevo propósito, una existencia eterna. Pero así como lo hizo con María necesita tu aprobación. Esto es lo que esta jovencita respondió cuando se le fue ofrecida la Vida:

Aquí tienes a la sierva del Señor- contestó María-. Que él haga conmigo como me has dicho.
Lucas 1:38

El nacimiento de Jesucristo se anunció en la Biblia a través del profeta Isaías 700 años antes de que naciera Jesús:

Por eso, el Señor mismo les dará una señal: La joven concebirá y dará a luz un hijo, y lo llamará Emanuel.
Isaías 7:14

Fíjate cómo la Vida se anuncia, antes del nacimiento de Jesús un ángel se apareció a Zacarías (pariente de María) y le dice:

En esto un ángel del Señor se le apareció a Zacarías a la derecha del altar del incienso. Al verlo, Zacarías se asustó, y el temor se apoderó de él. El ángel le dijo: No tengas miedo, Zacarías, pues ha sido escuchada tu oración. Tu esposa Elizabeth te dará un hijo, y le pondrás por nombre Juan. Tendrás gozo y alegría, y muchos se regocijarán por su nacimiento, porque él será un gran hombre delante del Señor. Jamás tomará vino ni licor, y será lleno del Espíritu Santo aun desde su nacimiento. Hará que muchos israelitas se vuelvan al Señor su Dios. Él irá primero, delante del Señor, con el espíritu y el poder de Elías, para reconciliar a los padres con los hijos y guiar a los desobedientes a la sabiduría de los justos. De este modo preparará un pueblo bien dispuesto para recibir al Señor.
Lucas 1:11-17 (énfasis añadido)

El hijo de Zacarías, Juan el Bautista, fue llamado a anunciar la Vida que vendría, a preparar al pueblo para que estuviera dispuesto a recibirla.

Después el ángel Gabriel llega con María y le da este mensaje:

A los seis meses, Dios envió al ángel Gabriel a Nazaret, pueblo de Galilea, a visitar a una joven virgen comprometida para casarse con un hombre que se llamaba José, descendiente de David. La virgen se llamaba María. El ángel se acercó a ella y le dijo: ¡Te saludo, tú que has recibido el favor de Dios! El Señor está contigo. Ante estas palabras, María se perturbó, y se preguntaba qué podría significar este saludo. No tengas miedo, María; Dios te ha concedido su favor- le dijo el ángel-. Quedarás encinta y darás a luz un hijo, y le pondrás por nombre Jesús. Él será un gran hombre, y lo llamarán Hijo del Altísimo. Dios el Señor le dará el trono de su padre David, y reinará sobre el pueblo de Jacob para siempre. Su reinado no tendrá fin.
Lucas 1:26-33

Dios usa ángeles para anunciar la Vida, llama jóvenes profetas como Juan el Bautista para preparar su llegada y también usa a parientes para participar de este anuncio:

A los pocos días María emprendió el viaje y se fue de prisa a un pueblo en la región montañosa de Judea. Al llegar, entró en casa de Zacarías y saludó a Elizabeth. Tan pronto como Elizabeth oyó el saludo de María, la criatura saltó en su vientre. Entonces Elizabeth, llena del Espíritu Santo, exclamó: ¡Bendita tú entre las mujeres, y bendito el hijo que darás a luz! Pero, ¿cómo es esto, que la madre de mi Señor venga a verme? Te digo que tan pronto como llegó a mis oídos la voz de tu saludo, saltó de alegría la criatura que llevo en el vientre. ¡Dichosa tú que has creído, porque lo que el Señor te ha dicho se cumplirá!
Lucas 1:39-45

La Vida es para todos y aún el que pueda tener más dudas recibirá este anuncio de una forma convincente, he aquí lo que le sucedió a José, el prometido de María:

El nacimiento de Jesús, el Cristo, fue así: Su madre, María, estaba comprometida para casarse con José, pero antes de unirse a él, resultó que estaba encinta por obra del Espíritu Santo. Como José, su esposo, era un hombre justo y no quería exponerla a vergüenza pública, resolvió divorciarse de ella en secreto. Pero cuando él estaba considerando hacerlo, se le apareció en sueños un ángel del Señor y le dijo:«José, hijo de David, no temas recibir a María por esposa, porque ella ha concebido por obra del Espíritu Santo. Dará a luz un hijo, y le pondrás por nombre Jesús, porque él salvará a su pueblo de sus pecados.
Mateo 1:18-21

Somos llamados para anunciar las "buenas nuevas de salvación", este es el motivo de este libro, y tú también tienes que tomar esta pasión y anunciar de día y de noche, a tiempo y a destiempo la Vida Verdadera. Esta época de Navidad es muy adecuada para ello.

La Vida se recibe, "se cree"

María, una jovencita de aproximadamente 15 años de edad, seguramente llena de sueños como todas las jóvenes de su edad, está pronta a casarse, cuando de repente se le aparece un ángel diciéndole: -*Vas a concebir del Espíritu Santo.*

-*Ah, claro... diría María, ¿tal cómo le ha sucedido a...?*
A nadie, nunca antes y nunca después.

Tenemos que entender que la ley de Moisés era muy clara al decir que si una persona fornicaba, esto es tener relaciones sexuales fuera del matrimonio, el pueblo debería de apedrearla, esto explica la preocupación de José, su futuro esposo, y seguro pasó por la mente de María en algún momento, porque no se necesitaba mucha imaginación para deducir qué había sucedido con una joven embarazada que no estaba casada. Pero María tuvo que tomar una decisión, ¿le creo a Dios, recibo la Vida con todo lo que implica?… ¿o mejor no me arriesgo…? María se arriesgó.

Me gusta mucho el football americano y creo que lo podemos usar para ilustrar cómo la Vida se recibe. La intención de este deporte es que alguien lanza la pelota, otro la recibe y corre hacia anotar un touch down. Pero no es sólo que te envíen la pelota con un buen pase que te de exactamente en el número de tu camiseta, tú tendrás que realizar una acción, hay que abrazar la pelota para que no rebote, y después de tenerla tendrás que protegerla, porque inmediatamente tendrás a un puñado de gigantones queriéndotela quitar. Si tú no estás decidido a recibirla, abrazarla y protegerla no anotarás puntos de vida. María tomó la decisión y recibió la Vida, José tomó la decisión y protegió la Vida, ¿y tú?

Quizá te preguntas: ¿el recibir la Vida implicará cambios en mi manera de existir, de comportarme, de relacionarme? Bueno ¿crees que hubo cambios en la vida de María?, y ¿en la de José? Muchos, pero ellos recibieron el pase celestial, *"Hágase conmigo conforme a tu palabra"*. ¡Qué poderosa frase! Tomaron el pase, no importando lo que viniera, ellos no sabían todo lo que implicaría, no se sabían la historia que estaban por escribir, pero lo recibieron, lo pelearon y lo protegieron, en otras palabras **"le creyeron a Dios".** ¿Será que Dios está enviandote un *pase celestial*? Pon atención, haz lo tuyo.

Recuerda que en el partido de la vida no hay espectadores, sólo jugadores, ¡participa y anota unos puntos para el Reino!

Quizá reconoces que ya haz recibido el pase, pero no lo has peleado y hoy te das cuenta que lo has dejado caer, lo has perdido. Pon atención porque ahí viene otro *pase de parte* de Dios, aprende de María y José y peléalo, no imagines que no existirán problemas, o resistencia, acuérdate, es un *partido* por no llamarlo una *guerra* y es normal que exista resistencia.

La "Fe" es el peso que das a algo por la autoridad de quien lo dice o anuncia. Yo nada más lo estoy re-transmitiendo pero quien lo ha dicho es Dios mismo, es la Palabra de Dios inspirada por el Espíritu Santo, que te está diciendo: esta Vida es para ti, Jesucristo es para ti. ¡Recíbelo hoy!

Si hasta el pesebre pudo recibir la Vida,
tú y yo también podemos.

Nota: Si quieres explorar el por qué y el cómo se recibe a Jesús como la Vida, la Verdad y el Camino de salvación, consulta el Apéndice en este libro.

La Vida se gesta.

Una vez que recibes la Vida hay que gestarla. María tuvo una gestación, un embarazo de Jesucristo y un tiempo de espera, en donde hubo cambios en el corazón, en donde quizá hubo temores y muchos cambios físicos. Mi esposa cambiaba mucho en sus embarazos, *"empanzaba"* a crecer y a moldearse de acuerdo a la vida que crecía dentro de ella.

La Vida va a producir cambios y esos cambios son normales, ¿te imaginas una mujer embarazada que se faja y no quiere crecer? Hay un momento en el que explota, *¡tiene que crecer!*. Igualmente la Vida en tu corazón va a pedir cambios, va a producir emociones nuevas y esa Vida va a explotar dentro de ti, para bien.

Dios hace una cirugía en nuestro corazón cuando la Vida llega. Te puedo platicar de unas *cirugías espirituales* tremendas que ha hecho Dios en mi, en unas no hemos llegado al *quirófano,* han sido en la *sala de emergencias*, otras han sido sin *anestesia* porque han dolido mucho, pero hoy reconozco que eran necesarias y se lo agradezco.

Si tú no quieres ser transformado, no toques la Vida. Porque **sí, Jesucristo es la Vida** y va a producir cambios en ti, transformación. Si tu dices: Yo no quiero que me muevan nada, entonces no toques la Vida, pero escucha: esos cambios son buenos, son necesarios, son eternos, ¿verdad que una semilla que cae en tierra y entra en contacto con la humedad ya no será nunca más igual? porque comienza a crecer y a dar a luz algo mucho mejor.

La Vida nace.

Hemos ya reflexionado sobre algunos de los problemas que tuvieron María y José en Belén, como por falta de espacio en el mesón, tuvieron que tener el parto en un establo y colocar al bebé Jesús en un pesebre.

Después de toda gestación hay un nacimiento. Mujer, no sé si te ha tocado tener un parto o a ti hombre, presenciar uno.

A mí me tocó el privilegio de estar en los de mis hijos. Es un momento maravilloso, aunque muy peculiar, podrías esperar que todo fuera algodón, limpieza, orden y armonía, pero una sala de parto es todo lo contrario, hay gritos, dolor, carreras, fluídos saltando por todos lados, sudor, olores distintos, más grito, más dolor... No quiero espantar a nadie pero no es como lo presentan en las películas, ¡es un campo de batalla!, sin embargo todo esto es necesario para que la vida nazca.

Ya que tienes en tus brazos a tu recién nacido todo lo anterior se te olvida, pasa a un segundo plano, pero mientras sucede el nacimiento hay gritos, reclamos, uno que otro desmayado y llanto. La Vida no se produce en lugares desinfectados y limpios, en lugares libres de problemas y conflictos, recuerda el pesebre, porque quizá pienses, no… *la Vida no puede suceder en mí, estoy en tanto desorden, hay tanta suciedad en mí, hasta creo que huelo mal.*

El saber que Jesús nació en un lugar sucio y no adecuado ¿no te habla a ti de su gran propósito? Yo creo que Jesús sí puede nacer en tu corazón aunque no lo consideres el lugar apropiado. Quizá veas a tu vecino, esposo, familiar o suegra y digas: *no, no, no creo que pueda nacer ahí, ¿apostamos?,* la vida no necesita un lugar limpio para nacer, **sólo necesita un lugar dispuesto.**

El regalo de Vida no depende de la envoltura.

La vida se celebra.

Y dio a luz a su hijo primogénito, y lo envolvió en pañales, y lo acostó en un pesebre, porque no había lugar para ellos en el mesón. Había pastores en la misma región, que velaban y guardaban las vigilias de la noche sobre su rebaño.
Y he aquí, se les presentó un ángel del Señor, y la gloria del Señor los rodeó de resplandor; y tuvieron gran temor.
Pero el ángel les dijo: No temáis; porque he aquí os doy nuevas de gran gozo, que será para todo el pueblo:
que os ha nacido hoy, en la ciudad de David, un Salvador, que es CRISTO el Señor. Esto os servirá de señal: Hallaréis al niño envuelto en pañales, acostado en un pesebre.
Y repentinamente apareció con el ángel una multitud de las

¡Nuevas de gran gozo y fiesta con una banda de ángeles!, pero si nos ponemos a pensar, lo que tenían ángeles y pastores hasta ese momento era sólo al pequeño Jesús en un pesebre, no había sanado a nadie, no había multiplicado el pan, no había caminado sobre el agua, no había enseñado el sermón del monte, no había echado fuera demonios, "pero ya había una gran celebración".

El bebé Jesús tuvo que crecer para que pudiéramos ver todas las señales y prodigios, la Vida nace y después crece pero en medio, la Vida se celebra:

¿Por qué tanta alegría? Los pastores vieron a un recién nacido en un lugar muy peculiar, pero lo que ellos realmente presenciaron fue una promesa. Quizá no festejes mucho si yo te hago una promesa -aunque trato siempre cumplir lo que digo- pero cuando es Dios quien hace una promesa tienes que saber que la cumplirá y esto, naturalmente, es motivo de alegría.

¿Tienes una promesa de parte de Dios para tu vida, familia, o situación económica? Estos pastores vieron la promesa en un bebé y se regocijaron, y tú y yo tenemos promesas de parte de Dios. Si crees que no las tienes necesitas leer más la Biblia, encontrarás que está llena de promesas para ti de parte de Dios. Y cuando las reconoces la única reacción es regocijarte.

La Navidad es una época de gozo, de alegría, ¿por lo regalos? ¿por Rodolfo el reno? No, porque Dios nos llama a recordar que Su Hijo fue dado, y la victoria ya se ha ganado.

Quizá todavía no has visto cumplida la promesa que Dios ha hecho a tu vida, *¿esto significa que no llegará?, pero... ¿qué hago mientras llega?...*¡Celebra!, la celebración es vivir con fe, convencido de que veremos lo que esperamos.

Quizá ves que la promesa esta en *pañales* todavía, pero está viva, ya eso es suficiente motivo para festejar. La Navidad es una época más alegre y festiva que las demás y yo creo que ni siquiera hemos llegado cerca de lo que esta celebración debería de ser. **¡La Vida ya llegó!**

Los ángeles anunciaban "no tengan miedo y regocíjense", quizá tu dices: *"¿Cómo alegrarme? No tienes derecho a decirme eso, ¿con qué autoridad si no conoces mi situación, mi economía, mi salud, a mi marido o a mi esposa, mis hábitos, etc.?"* Tienes razón en cuanto a que no la conozco, pero te lo digo con una autoridad mayor, sí conozco al Dios que es suficiente en todo y para todos.

¿Y qué de los Reyes Magos? Estos hombres hicieron un viaje no pequeño y al llegar por fin a su destino encontraron al igual que los pastores un pequeño niño.

Y al ver la estrella, se regocijaron con muy grande gozo. Y al entrar en la casa, vieron al niño con su madre María, y postrándose, lo adoraron; y abriendo sus tesoros, le ofrecieron presentes: oro, incienso y mirra.
Mateo 2:10-11 (RV)

¿Qué podemos entender por *regocijarse con muy grande gozo*? Parece que el escritor del evangelio estaba buscando palabras para describir algo que es difícil de explicar sólo con palabras. ¿Has sentido un gozo que se te sale del corazón, que no puedes ocultar, que te costaría trabajo ponerle palabras para describirlo? Algo así estaban experimentando estos sabios. Y ¿por qué estaban tan felices? Porque vieron la promesa, un Rey que merecía su oro, un Dios que merecía su incienso, un hombre que merecía su mirra porque moriría para rescatar a muchos.

Gozo es una alegría permanente basada en la seguridad y eterna relación con nuestro Dios. La entrada triunfal de Jesucristo en Jerusalén causó gran alegría; su resurrección obviamente causó gozo a los discípulos, ellos sí vieron la promesa cumplida; y tú y yo también la tenemos, la estamos abrazando, vive en nuestro corazón, ¡el gozo del Señor en nuestras vidas es nuestra fortaleza!

El gozo es un lenguaje diferente a la felicidad ordinaria porque hay una dinámica espiritual que actúa como un fuego en nuestras vidas cuando nos comprometemos a regocijarnos, porque muchos están comprometidos con el pesimismo y a la amargura, pero eso sólo seca.

Te reto a festejar esta navidad como ninguna otra. Dios nos manda a celebrar así como lo hicieron los ángeles, con regocijo. ¡Celebremos la vida, la vida que transforma, **celebremos a Jesucristo!**

La Vida se espera.

Dentro de la narración Bíblica del nacimiento de Jesús aparecen dos personajes muy peculiares, Ana y Simeón, judíos muy devotos a Dios que *esperaban la consolación de Israel* desde hace mucho tiempo. Los dos ya de edad muy avanzada (Ana con más de 100 años). Cuando vieron a Jesús al ser llevado por sus padres al Templo, reconocieron en Él la Vida que había sido enviada por Dios.

Ya vimos cómo los pastores buscaron la señal, los Reyes Magos recorrieron un largo camino para encontrarla y ahora vemos como Simeón y Ana que pacientemente esperaron tantos años y estuvieron satisfechos al verla, la salvación prometida en el bebé Jesús. Simeón aún declaró: *"Ya me puedo morir en paz, porque ya vi la promesa que tanto esperé."*

La Vida se cuida.

No todos se alegrarán con la Vida, habrá quien la deteste y quiera destruirla, porque la Vida trae libertad, cambios y alegría y no todos favorecen eso. El Rey Herodes, quien gobernaba a los judíos en ese tiempo, escuchó de parte de los Reyes Magos acerca de Jesús, y dispuso en su corazón deshacerse de Él. Pero Dios no lo permitió y avisando a los magos de oriente la Vida fue protegida.

Cuando Jesús nació en Belén de Judea en días del rey Herodes, vinieron del oriente a Jerusalén unos magos, diciendo:¿Dónde está el rey de los judíos, que ha nacido? Porque su estrella hemos visto en el oriente, y venimos a adorarle. Oyendo esto, el rey Herodes se turbó, y toda Jerusalén con él. Y convocados todos los principales sacerdotes, y los escribas del pueblo, les preguntó dónde había de nacer el Cristo. Ellos le dijeron: En Belén de Judea; porque así está escrito por el profeta: Y tú, Belén, de la tierra de Judá, No eres la más pequeña entre los príncipes de Judá; Porque de ti saldrá un guiador, que apacentará a mi pueblo Israel. Entonces Herodes, llamando en secreto a los magos, indagó de ellos diligentemente el tiempo de la aparición de la estrella; y enviándolos a Belén, dijo: Id allá y averiguad con diligencia acerca del niño; y cuando le halléis, hacédmelo saber, para que yo también vaya y le adore. Ellos, habiendo oído al rey, se fueron; y he aquí la estrella que habían visto en el oriente iba delante de ellos, hasta que llegando, se detuvo sobre donde estaba el niño. Y al ver la estrella, se regocijaron con muy grande gozo. Y al entrar en la casa, vieron al niño con su madre María, y postrándose, lo adoraron; y abriendo sus tesoros, le ofrecieron presentes: oro, incienso y mirra. Pero siendo avisados por revelación en sueños que no volviesen a Herodes, regresaron a su tierra por otro camino.
Mateo 2:1-12 (RV)

De la misma manera, José fue avisado en sueños, porque el bebé estaba en peligro.

La Vida llegó de una forma y a un lugar muy vulnerable, un bebé en un pesebre. Era necesaria esta vulnerabilidad, de la misma forma en que mientras crecemos en conocer y amar más a Cristo habrá tiempos vulnerables en que esta Vida tratará de ser eliminada, robada o estorbada. Hay que cuidarla dentro de nosotros.

Yo creo en Jesús, he entregado mi vida por completo a Él, pero reconozco que hay ocasiones donde llegan a mi mente pensamientos en contra de la relación que tengo con Él, o tentaciones de caminar en rumbos que atentan en contra de mi decisión de seguirle, pero así como los magos y José fueron alertados, soy redargüido por el Espíritu Santo a caminar de acuerdo a la Vida que habita en mí, cuidándola siempre.

La Vida crece.

Los evangelios no nos dan muchos detalles de la niñez de Jesús, básicamente lo que conocemos de su niñez es este pasaje:

Aunque nuestra primera impresión de Jesús es la de un recién nacido en un establo, no debe ser la última. El niño Jesús en el pesebre ofrece una hermosa escena de Navidad, pero no debemos dejarlo allí. Esta pequeña e indefensa criatura había existido desde siempre, y en su caminar por la Tierra tuvo una vida maravillosa; Jesús creció, caminó con autoridad, murió por nosotros en la Cruz, resucitó con poder, ascendió a los cielos y volverá a la tierra como el Rey de reyes. Gobernará el mundo y juzgará a todas las personas de acuerdo a la decisión que hayan tomado acerca de Él.

Muchas tradiciones Navideñas se centran en Jesús cuando fue un infante. Hasta es común encontrar en algunos lugares que se adora a una figura de un bebé en pañales o un niño de porcelana que supuestamente representa a Jesús. Además de que es incorrecto hacernos imagen alguna de Dios para adorarla, Jesús no es un bebé eternamente, Él –como hombre- creció, la Vida se fortaleció, Jesús es un Rey poderoso que ha vencido, y está sentado a la derecha del Padre e intercede con autoridad por nosotros.

¿Qué imagen tienes de Jesús, la de un indefenso lactante o la de tu Señor victorioso y poderoso? Permite que Jesús crezca en tu vida.

Antes bien, creced en la gracia y
el conocimiento de nuestro Señor y Salvador Jesucristo.
2 Pedro 3:18 (RV)

CAPÍTULO 3

¿Quién es el *niño* del pesebre?

¿QUIÉN ES EL NIÑO DEL PESEBRE?

Un niño único con un Reino único.

En tiempos de Navidad es muy común citar un pasaje del libro de Isaías, que habla de las características de "un niño" enviado con un propósito maravilloso y con unas características únicas.

Al libro del profeta Isaías se le ha llamado "el quinto evangelio" por la cantidad de referencias que da de Cristo. Pero lo que hace a este "evangelio" tan especial ¡es que se escribió 700 años antes del nacimiento de Jesús! Una de estas referencias es el pasaje que encontramos en el Capítulo Nueve.

"Porque un niño nos es nacido, hijo nos es dado, y el principado sobre su hombro; y se llamará su nombre Admirable, Consejero, Dios fuerte, Padre Eterno, Príncipe de paz."
Isaías 9:6 (RV) (énfasis añadido)

Isaías menciona que este niño especial, Jesús, es "nacido", como ser humano; y "dado", como regalo de amor de Dios a un mundo pecador. Este niño sería Dios en carne de hombre. No habría otro como él. Crecería y algún día tomaría el gobierno de la humanidad sobre su hombro y traería orden y paz a un mundo lleno de confusión y pecado.

Aunque antes de tomar el gobierno sobre su hombro... tomaría la cruz sobre su propio hombro (Juan 19:17), y después moriría poniendo su vida en lugar de la nuestra. Jesús terminó su trabajo en la Tierra, resucitó y regresó al mismo lugar de donde vino, el Cielo, y prometió que regresaría trayendo el gobierno sobre su hombro (Isaías 9:7).

Es importante remarcar que no tienes que esperar hasta la segunda venida de Cristo para disfrutar de Su Reino. Cuando le entregamos completamente el gobierno y la autoridad de nuestra vida a Jesucristo entonces podemos experimentar todo lo que está expresado en sus nombres en Isaías 9:6, desde el día de hoy.

Jesús es ADMIRABLE

Todo ser humano tiene la necesidad de ser asombrado, de encontrar algo o alguien digno de admiración. Dios sabe que tenemos un vacío y Él proveyó la manera para llenarlo, este hueco en nuestro corazón se llena con Cristo, el Admirable.

"Tú eres un Dios que hace maravillas".
Salmos 77:14 (RV)

Todo lo que Jesús hace es Admirable y Maravilloso: Dios haciéndose hombre; transformó un sencillo pesebre en una señal de amor, de humildad y poder; transformó una cruz de vergüenza en el lugar donde se unen el amor de Dios y el pecado del hombre.

Todo lo que Jesús toca lo convierte en algo extraordinario, admirable: convirtió agua común en un vino exquisito, y así, lo que era una celebración común se volvió una boda memorable. A unos pescadores sencillos los transformó en hombres que impactaron la historia. Pequeñas cosas de la vida cotidiana las transforma en grandes enseñanzas: los lirios del campo, la semilla de mostaza, la vid y el pámpano.

Todo lo que Jesús hace es admirable: Su nacimiento, su vida, su muerte y su resurrección, y seguro que así será también su segunda venida:

Luego vi el cielo abierto, y apareció un caballo blanco. Su jinete se llama Fiel y Verdadero. Con justicia dicta sentencia y hace la guerra. Sus ojos resplandecen como llamas de fuego, y muchas diademas ciñen su cabeza. Lleva escrito un nombre que nadie conoce sino sólo él. Está vestido de un manto teñido en sangre, y su nombre es «el Verbo de Dios». Lo siguen los ejércitos del cielo, montados en caballos blancos y vestidos de lino fino, blanco y limpio. Apocalipsis 19:11-14

Nuestro mundo con sus problemas y monotonías necesita del toque extraordinario del Admirable. ¡Permitamos que convierta nuestras vidas y nuestro entorno en algo digno de Él!

Jesús es CONSEJERO

Porque mis pensamientos no son los de ustedes, ni sus caminos son los míos - afirma el SEÑOR-. Mis caminos y mis pensamientos son más altos que los de ustedes; ¡más altos que los cielos sobre la tierra! Isaías 55:8-9

Todos los seres humanos tenemos necesidad de un guía. La Biblia nos dice que Jesús es ese consejero que puede asesorarnos en todas las áreas de nuestra vida.

Cristo está *calificado* para aconsejarte porque:

1. Él es Dios y "en Él están escondidos todos los tesoros de la sabiduría y del conocimiento" (Colosenses 2:3). Cristo sabe todo, al ser Dios es más que competente para dar guianza.

2. Él es hombre y por ello puede entender lo que te está pasando: Él creció, sufrió, trabajó, lloró, murió y hasta fue tentado de la misma manera que nosotros, pero sin pecado. Él sabe por lo que pasamos los seres humanos, nos comprende.

Porque no tenemos un sumo sacerdote incapaz de compadecerse de nuestras debilidades, sino uno que ha sido tentado en todo de la misma manera que nosotros, aunque sin pecado. Hebreos 4:15.

3. Te ama, por lo que siempre te dirá la verdad, con amor. La verdad es un elemento básico para toda buena relación y asesoría, podemos confiar en que Él siempre será honesto con nosotros. Por su gran amor, sabemos que su consejo no nos hará daño, sino al contrario, nos bendecirá.

*"Nadie tiene amor más grande que el dar la vida por sus amigos."
Juan 15:13*

4. Te tiene paciencia, porque conoce tu corazón.

"En cambio Jesús...los conocía a todos; no necesitaba que nadie le informara nada acerca de los demás, pues Él conocía el interior del ser humano". Juan 2:24-25

5. Te anima, su llamado no es a condenar, sino a animar hacia la salvación y el crecimiento.

*Dios es nuestro amparo y nuestra fortaleza, nuestra ayuda segura en momentos de angustia. Por eso no temeremos.
Salmo 46:1-2*

Todos los días puedo tener el consejo y la guianza de Jesús si lo busco.

¿Cuál es la provisión de Dios ante nuestra debilidad?
Cristo. ¡Él es Dios Fuerte!

Si estuviéramos realmente consientes del poder de Cristo nada nos intimidaría, y podríamos decir "Todo lo puedo en Cristo que me fortalece" con toda seguridad. (Filipenses 4:13)

"...y cuán incomparable es la grandeza de su poder a favor de los que creemos. Ese poder es la fuerza grandiosa y eficaz que Dios ejerció en Cristo cuando lo resucitó de entre los muertos y lo sentó a su derecha en las regiones celestiales, muy por encima de todo gobierno y autoridad, poder y dominio, y de cualquier otro nombre que se invoque, no sólo en este mundo sino también en el venidero."
Efesios 1:19-21

Su gran poder está accesible para nosotros hoy, la gracia de Dios (Cristo en mí) es la que trae el poder de Dios para mi vida.

"...pero él me dijo: «Te basta con mi gracia, pues mi poder se perfecciona en la debilidad. » Por lo tanto, gustosamente haré más bien alarde de mis debilidades, para que permanezca sobre mí el poder de Cristo. Por eso me regocijo en debilidades, insultos, privaciones, persecuciones y dificultades que sufro por Cristo; porque cuando soy débil, entonces soy fuerte.
2 Corintios 12:9-10

Muchos no experimentan el poder de Dios porque son muy *fuertes* en sí mismos. Pero la vida hace ver que realmente no pueden solos. Dios tiene que esperar a que se reconozcan débiles para poder darles de Su poder. Reconoce hoy tu debilidad y tu necesidad de Jesús, corre a Él y Dios te hará fuerte en Él.

*"El hombre es como la hierba, sus días florecen como la flor del campo: sacudida por el viento,
desaparece sin dejar rastro alguno".
Salmo 103:15-16*

Cristo no sólo controla el tiempo, sino que ¡lo conquista!. La Cruz es el punto de reunión entre el corto tiempo del hombre y la promesa de vida eterna de parte de Dios.

*"De tal manera amó Dios al mundo, que ha dado a su Hijo Unigénito para que todo aquel que cree en él no se pierda, mas tenga vida eterna."
Juan 3:16 (énfasis añadido)*

Él es el Autor (o Padre) de la Eternidad para el hombre -el que nos lleva a la eternidad con Él. ¡Cómo cambia el panorama si sé que tengo un futuro! Esta vida se convierte en un campo de entrenamiento para hacer lo que Él me ha llamado a hacer. Sí, envejezco; sí, la ley de la gravedad hace estragos en mi físico; sí, se adelantan a la eternidad familiares o amigos que amo; pero sé que con Cristo el tiempo ya no es un enemigo, es un aliado que me permite hacer su voluntad y cumplir mi propósito.

Jesús es PRÍNCIPE DE PAZ

*"La paz no tiene que ver con la situación exterior,
tiene que ver con la condición del interior."*

Jesús como Príncipe de Paz, es el mejor ejemplo de una persona llena de paz a pesar de las circunstancias externas. Al ir a la cruz y al ser rechazado por aquellos por quienes se entregaba, siempre mantuvo ese sosiego del alma que lo caracteriza. Él ha recuperado la Paz entre Dios y el hombre. Cuando el Príncipe de Paz gobierna nuestras vidas, Dios nos da los recursos que necesitamos en cada situación.

Su presencia, Su compañía trae paz. Si, Él tiene el control de todo y Él es bueno y poderoso ¿de qué debo temer?

El regalo de Dios para nuestras vidas fue abundante y pleno, no sólo nos dio en Cristo a un Salvador, sino también hace que en Cristo nuestras vidas se conviertan, de vidas comunes, desconcertantes, débiles, breves y confusas, **¡en maravillosas, estables, con dirección y fortaleza, eternas y con paz!**

---

1. *Inspirado en "His Name is Wonderful" de Warren W. Wiersbe*

CAPÍTULO 4

Los *sueños* de José

LOS SUEÑOS DE JOSÉ

Nos hemos detenido mucho en el evangelio de Lucas, que sin duda tiene la narración más detallada de los hechos del nacimiento de Jesús. Ya hemos visto cómo comienza el evangelio de Juan que aunque no narra los hechos de la Navidad nos habla de la Vida que está en Jesús, y ahora tomemos el evangelio de Mateo que dedicó el comienzo de su libro a narrar los hechos de la Navidad.

El libro de Mateo, a diferencia del evangelio de Lucas que se dirigió a griegos y romanos, fue dirigido a una audiencia judía. Notarás cómo cita frecuentemente el cumplimiento de pasajes del Antiguo Testamento que para su audiencia era de mucha relevancia.

San Mateo comienza describiendo la genealogía de Jesús, empezando desde Abraham hasta llegar a José -el padre adoptivo de Jesús- siendo 42 generaciones. (Mateo 1:1-17)

Después Mateo describe la aventura que vivieron José y María, una joven pareja que supo balancear sus sueños con los sueños de Dios. A diferencia de Lucas, que nos muestra la historia desde la perspectiva de María, Mateo centra su narración en José, y nos presenta 3 sueños que tuvo José que le cambiaron la vida y lo guiaron para que el propósito de Dios para ellos y para toda la humanidad fuera llevado a cabo.

Leemos en Mateo:

El nacimiento de Jesús, el Cristo, fue así: Su madre, María, estaba comprometida para casarse con José, pero antes de unirse a él, resultó que estaba encinta por obra del Espíritu Santo. Como José, su esposo, era un hombre justo y no quería exponerla a vergüenza pública, resolvió divorciarse de ella en secreto. Pero cuando él estaba considerando hacerlo, se le apareció en sueños un ángel del Señor y le dijo:«José, hijo de David, no temas recibir a María por esposa, porque ella ha concebido por obra del Espíritu Santo. Dará a luz un hijo, y le pondrás por nombre Jesús, porque él salvará a su pueblo de sus pecados. » Todo esto sucedió para que se cumpliera lo que el Señor había dicho por medio del profeta: «La virgen concebirá y dará a luz un hijo, y lo llamarán Emanuel» (que significa «Dios con nosotros»). Cuando José se despertó, hizo lo que el ángel del Señor le había mandado y recibió a María por esposa. Pero no tuvo relaciones conyugales con ella hasta que dio a luz un hijo, a quien le puso por nombre Jesús. Después de que Jesús nació en Belén de Judea en tiempos del rey Herodes, llegaron a Jerusalén unos sabios procedentes del Oriente.

- ¿Dónde está el que ha nacido rey de los judíos?- preguntaron-. Vimos levantarse su estrella y hemos venido a adorarlo. Cuando lo oyó el rey Herodes, se turbó, y toda Jerusalén con él. Así que convocó de entre el pueblo a todos los jefes de los sacerdotes y maestros de la ley, y les preguntó dónde había de nacer el Cristo. - En Belén de Judea- le respondieron-, porque esto es lo que ha escrito el profeta: » "Pero tú, Belén, en la tierra de Judá, de ninguna manera eres la menor entre los principales de Judá; porque de ti saldrá un príncipe que será el pastor de mi pueblo Israel." Luego Herodes llamó en secreto a los sabios y se enteró por ellos del tiempo exacto en que había aparecido la

estrella. Los envió a Belén y les dijo: - Vayan e infórmense bien de ese niño y, tan pronto como lo encuentren, avísenme para que yo también vaya y lo adore. Después de oír al rey, siguieron su camino, y sucedió que la estrella que habían visto levantarse iba delante de ellos hasta que se detuvo sobre el lugar donde estaba el niño. Al ver la estrella, se llenaron de alegría. Cuando llegaron a la casa, vieron al niño con María, su madre; y postrándose lo adoraron. Abrieron sus cofres y le presentaron como regalos oro, incienso y mirra. Entonces, advertidos en sueños de que no volvieran a Herodes, regresaron a su tierra por otro camino.

Cuando ya se habían ido, un ángel del Señor se le apareció en sueños a José y le dijo:«Levántate, toma al niño y a su madre, y huye a Egipto. Quédate allí hasta que yo te avise, porque Herodes va a buscar al niño para matarlo.»
Así que se levantó cuando todavía era de noche, tomó al niño y a su madre, y partió para Egipto, donde permaneció hasta la muerte de Herodes. De este modo se cumplió lo que el Señor había dicho por medio del profeta:«De Egipto llamé a mi hijo.»
Cuando Herodes se dio cuenta de que los sabios se habían burlado de él, se enfureció y mandó matar a todos los niños menores de dos años en Belén y en sus alrededores, de acuerdo con el tiempo que había averiguado de los sabios. Entonces se cumplió lo dicho por el profeta Jeremías: «Se oye un grito en Ramá, llanto y gran lamentación; es Raquel, que llora por sus hijos y no quiere ser consolada; ¡sus hijos ya no existen!»

Después de que murió Herodes, un ángel del Señor se le apareció en sueños a José en Egipto y le dijo:«Levántate, toma al niño y a su madre, y vete a la tierra de Israel, que ya murieron los que amenazaban con quitarle la vida al niño.»
Así que se levantó José, tomó al niño y a su madre, y

Encontramos aquí tres encuentros de José con un ángel del Señor que se dieron a través de sueños. Primero fue animado a no rechazar a María y al niño, más bien a casarse con ella y adoptar a Jesús. Después le advierten que salga de Belén hacia Egipto para proteger al bebe Jesús que estaba en peligro por los celos de Herodes, un rey desbalanceado que decidió matar a una generación entera de niños inocentes para proteger su reinado. Y después que murió Herodes, Dios en sueños le revela a José que regrese de Egipto dirigiéndolo a Nazaret.

La comunicación de Dios hacia el hombre por medio de sueños es algo común que encontramos en los pasajes Bíblicos, buenos ejemplos de esto son José (el hijo de Jacob) y Daniel, conocidos por tener sueños proféticos e interpretar por parte de Dios los de otras personas.

Todos Soñamos

El soñar, tanto dormidos como despiertos, es algo que a todos nos sucede. ¿Qué sueños tienes?

Un sueño es:
"Una imagen de lo que se desea será
el futuro en su vida".

¿No tendría José sus propios sueños?, como todo joven, seguro soñaba casarse con la más hermosa, tener una fiesta de bodas con todos sus amigos y parientes, un negocio exitoso en su pueblo, una gran familia a quien pudiera heredarles el negocio y ser un buen judío conociendo y amando a Dios.

¿Tú crees que Dios tenga sueños? Yo creo que sí, Dios tiene planes, desde el principio de la creación planeó y deseó enviar a su Hijo Jesús, quien vino en el tiempo correcto para salvar al mundo de sus pecados y restaurar con Él la relación rota de la humanidad a causa del pecado.

Porque tanto amó Dios al mundo, que dio a su Hijo unigénito, para que todo el que cree en él no se pierda, sino que tenga vida eterna. Dios no envió a su Hijo al mundo para condenar al mundo, sino para salvarlo por medio de él.
Juan 3:16-17

Dios soñó encontrar una joven y dispuesta pareja que pudiera formar un hogar donde enviar a su Hijo Jesús. Dios planeó el proteger a esta familia para que Jesús pudiera crecer hasta estar listo para comenzar a caminar en su propósito. Dios Padre soñó que Jesús mostrara total obediencia viviendo una vida sin pecado, y un caminar hacia la cruz que representaba para Jesús sufrimiento pero al mismo tiempo el cumplimiento de un sueño, salvación a todos los que creen.

Todos tenemos sueños, por ejemplo Zacarías y Elizabeth tenían el sueño de tener un hijo a pesar de su edad avanzada, ¿te imaginas el sufrimiento que se tiene cuando un sueño no llega o es frustrado? Pero Zacarías no dejó de pedir a Dios por el cumplimiento de este sueño.

Como todos los buenos Israelitas de esa época, *los pastores* soñaban en el Mesías que llegaría a liberarlos. Los *Sabios de Oriente* (Reyes Magos) soñaban el poder encontrar el cumplimiento de toda su búsqueda, años de estudio, de interpretación, de investigar, de confiar y mucho viajar. *Simeón* soñaba el poder ver con sus propios ojos al salvador. *Ana* la profetiza soñaba en poder contemplar a aquel de quien los profetas habían hablado, y decían que el Mesías sería enviado. El sueño de *Augusto César* fue hacer un censo en todo el Imperio Romano para saber cuánto pueblo subyugado se tenía en Palestina.

Idealmente los sueños deben ser buenos, pero aún siendo malos siguen siendo sueños; mira, hasta el rey Herodes tenía sueños. Él deseaba tener un reinado seguro, pudiendo explotar al pueblo judío para tener un estilo de vida permisivo y codicioso sin entrar en conflicto con el Imperio Romano que los sometía en ese entonces.

La navidad es el momento más importante de intervención y revelación de Dios en el mundo, nos demuestra el cumplimiento de los sueños de Dios para salvar a la humanidad, pero ¿qué pasa con los sueños del hombre cuando se encuentran con los sueños de Dios?

Si los sueños que tenemos están acorde a los sueños de Dios, estos deseos se cumplirán como los de Ana, Simeón, Zacarías, Elizabeth, los pastores y los Reyes Magos. Si nuestros sueños son contrarios al propósito de Dios, se frustrarán. Los sueños mal intencionados de Herodes fueron entorpecidos por la intervención de Dios hablándole en sueños a José.

¿Y qué pasó con los sueños de José?

Creo que cuando nuestros sueños se encuentran con los deseos de Dios, lo que sucede es que esos sueños nuestros serán potencializados.

En el resto de los evangelios no se vuelve a mencionar mucho sobre José, salvo lo que nos describe Mateo en estos pasajes, pero podemos saber algunas cosas que sucedieron en su vida. Sabemos que finalmente sí se casó con la chica más hermosa del pueblo, ¡qué especial era María para ser escogida por Dios!, qué privilegiado fue José al pasar una vida de matrimonio con ella, soñar casarse es bueno pero soñar casarse con la chica más especial sólo es posible en los sueños de Dios.

Sabemos que José sí le enseñó el negocio familiar a Jesús, su oficio de carpintero, porque así se le conoce hasta el día de hoy, Jesús el carpintero de Nazaret.

Sólo me puedo imaginar las pláticas que tendría José con su hijo adoptivo Jesús. Los discípulos pasaron sólo tres años con Jesús, pero José muchos más, enseñando y aprendiendo. José aprendió más de Dios de lo que jamás hubiera imaginado y cómo no, ¡teniendo a Dios en casa!

Suponemos que José murió antes de que comenzara la vida pública de Jesús, porque fue María la que estaba presente en la cruz pero no José, y la tradición dice que Juan el discípulo se ocupó de María, muy probablemente porque era viuda.

De hecho, la palabra profética de Simeón en Lucas 2:35, donde habla sobre el dolor que sufriría al ser crucificado Jesús, fue sólo para María.

Sin embargo, conocemos que tuvo una buena relación con Jesús, lo cuidó, lo protegió, le proveyó y lo educó como un buen carpintero y un buen judío.

De los sueños de todos los que somos padres, José se llevó el mejor, y todo porque el sueño de José fue sometido al sueño de Dios.

¿Cuáles son tus sueños?, si no son conforme a los de Dios, serán frustrados como los de Herodes. Mas si hoy decides someter tus anhelos a los de tu Creador y permites que Él intervenga en lo que ves en tu vida para el futuro, serán potencializados como los de José, un buen padre adoptivo, que pasó sus pruebas y batallas, pero que tanto él como María merecen nuestro reconocimiento al recordarlos cada navidad como la joven pareja que soñó y le creyó a Dios.

CAPÍTULO 5

Recuperando la Navidad

"RECUPERANDO LA NAVIDAD"

"La Navidad es la *celebración* del Amor de Dios y su fantástica

decisión de enviar al mundo a su único Hijo, Jesucristo,
para redimir a los pecadores."

Hace ya algunos años, estando todavía soltero, por cuestiones de trabajo tuve que pasar una navidad completamente solo, fuera de mi casa y familia. Cuando tomé la decisión no medí lo que estaba haciendo, pensé: *Será sólo un día más, me dormiré temprano y listo.* Pero ya estando en la Noche Buena extrañé bastante, hablar por teléfono no sirvió de mucho y pensé… *¡qué mala decisión he tomado!*

La Navidad comenzó con una familia y es una época que se vive y se festeja en familia y entre amigos. Es una temporada especial, con sabor, sentido y propósitos únicos, como hemos hablado en este libro.

Es un tiempo que se centra no en regalos pero sí en **"El Regalo"** más grande que la humanidad ha recibido, Jesús, y por esto y con esto debemos de ser intencionales en celebrarla acorde a su significado, simbolismo e impacto.

Déjame sugerirte **20 acciones** prácticas a tomar en tu casa, en tu familia y festejo. Recuerda que la Navidad no es un día, es una época que debe de marcar todo el año.

1. Prepara tu hogar en oración, en decoración y en gozo.

"Esta época no sólo habla de lo bello que es Jesús,
pero también de las maravillas de su *salvación*"

La decoración navideña es tan especial, habla de festividad, de luz, de alegría, de que es una época como ninguna otra. Hasta el simple hecho de decorar se vuelve toda una tradición. Cada familia tiene sus peculiaridades y gustos, y así como invertimos tiempo y recursos en decorar debemos también ser intencionales en preparar el ambiente. Qué triste que la decoración externa de alegría sea sólo una fachada falsa del ambiente real que se vive en casa. Si notas que el ambiente emocional, relacional y espiritual no concuerda con esta festividad te recomiendo que tomes tiempo para hacer oración con Dios. Platica con Él lo que notas y deja que Él intervenga desde temprano en la temporada. Recuerda que hay situaciones que sólo se resuelven en oración.

En conclusión, ya sea que coman o beban o hagan cualquier otra cosa, háganlo todo para la gloria de Dios.
1 Corintios 10:31

2. Celebra durante toda la temporada.

No dejes toda la celebración a un sólo evento, es una oportunidad para tener convivios y más convivios. Si no ponemos todo el "peso" de la celebración en una sola fiesta, como puede ser la cena de Noche Buena, en caso de no salir ésta como deseábamos no estaremos tan frustrados. Recuerda que lo importante de esta época son las personas con las que festejas.

Como en México celebramos las tradicionales posadas, ¡en nuestra casa hacemos pre-posadas, posadas y post-posadas si es posible! Dios nos ha bendecido con mucha familia y muchas amistades, por lo que no nos damos a basto con una sola celebración, así que tan pronto huele a Navidad nuestra agenda se vuelca a convivir, reír y celebrar.

"Recuerda que no es el día,
lo importante es el *hecho*"

3. Crea una tradición centrada en Cristo.

Las tradiciones son buenas y necesarias, pero muchas veces podemos estar envueltos en costumbres que no llevan el sentido de la época o que no honran a Dios. Si las detectas ¿por qué no cambiarlas? Crea nuevas tradiciones que sustituyan las viejas, y pelea el no adoptar las tradiciones que no se centren en Cristo.

Por ejemplo los regalos, no son malos pero no pueden ser el centro de la festividad. Brindar por felicidad es común, pero en muchos hogares el exceso de alcohol roba la armonía y la sana celebración. Esta época tampoco es de competencias para ver quién sirve la mejor cena o viste de la manera más elegante.

Podemos hacer tradiciones que lleven el espíritu de esta época, como orar en familia, hacer actividades navideñas en armonía, leer juntos los pasajes bíblicos, dar a los más necesitados, servir, regalar, honrar a los mayores del clan o sorprender a los más pequeños.

*Cuídense de que nadie los cautive con la vana y engañosa
filosofía que sigue tradiciones humanas, la que va de acuerdo
con los principios de este mundo y no conforme a Cristo.*
Colosenses 2:8

4. Recupera las canciones de Navidad.

Esta celebración se trata de exaltar a Dios, ¿cómo es esto? Es el recordar en voz alta quién es Él y lo que ha hecho por nosotros.

La adoración es parte de esta época y la música es el mejor vehículo para hacerlo. Hay gran cantidad de buena música que exalta a Dios, que habla del nacimiento, de la noticia de la salvación, de lo que sucedió esa maravillosa noche. También hay hermosas canciones tradicionales pero cuando escuchas la letra hablan más bien de la nieve, del arbolito, de los regalos o del señor barbón con sobrepeso que trae lo que pides (si te portas bien); y no son malas, pero nada impactará el ambiente de tu hogar como los cantos que declaran el amor de un Dios de gracia y de verdad, que recuerdan la verdadera razón de este festejo.

"De repente apareció una multitud de ángeles del cielo, que alababan a Dios y decían: Gloria a Dios en las alturas, y en la tierra paz a los que gozan de su buena voluntad." Lucas 2:13-14

5. Prepara un pequeño mensaje Navideño.

Estas reuniones son el marco ideal para dar unas palabras para reflexionar. Procura que tu mensaje sea breve, fácil de recordar, adaptado a niños si los hay y muy importante, basado en la Biblia.

De este libro que tienes en tus manos podrás sacar algunas ideas, sé creativo y cambia el mensaje cada año.

Algunas citas bíblicas que te serán de ayuda:

- Profecías del Nacimiento de Jesús:
Miqueas 5:2, Números 24:17, Isaías 7:14, 9:6
- Narración del Nacimiento de Jesús:
Mateo 1:18-25, Lucas 2:1-20
- Otros pasajes de interés:
Juan 1:14 (Encarnación), Filipenses 2:1-11, 1 Timoteo 3:16

6. Permite que los ancianos tengan un lugar central en la Navidad.

Tengo grandes recuerdos de mis abuelos en las navidades, siempre tuvieron un lugar predominante en esta celebración. Los niños la alegran pero los ancianos la centran.

En algunos casos, podrían ser las últimas fiestas que los mayores de la familia pasen con nosotros, así que démosles un sentido y un lugar especial. Una buena idea es pedirles que narren cómo celebraban la navidad de niños, qué tipo de regalos recibían o daban, qué cenaban y cómo recordaban a Jesús.

No olvides a otros ancianos alrededor de ti que pueden estar solos, visítalos, alégralos e inclúyelos en tus festejos.

La corona del anciano son sus nietos;
el orgullo de los hijos son sus padres.
Proverbios 17:6

7. Crea un recuerdo positivo para tus hijos.

"La historia de la Navidad
es la historia de una *familia*"

Es una época donde tus hijos estarán atentos, cariñosos y receptivos. Muéstrales con el ejemplo que es un tiempo de reconciliación, de perdón, de pensar en dar más que en recibir.

Si hay niños en la familia, planea para que las fiestas no se tornen en un festejo de adultos, donde los niños no encuentren un lugar. Considerarlos es tomar acciones tan prácticas como quitar de la casa de la abuela esas preciadas figuras de porcelana que, en caso de romperse, podrían echar a perder toda la velada por el descuido de un pequeño; o que los adultos no tomen demasiado alcohol para no dar malos ejemplos.

Los hijos están aprendiendo en cada momento "de qué se trata el festejo", no los confundas centrándolo en regalos (lo cual les encanta), ni en ellos mismos, enséñales que el festejo es Jesús en ellos y ellos para otros.

Trata de mirar las cosas a través de sus ojos, déjalos hablar, cantar, y festejar a su estilo, las tradiciones cobran sentido cuando los más pequeños de la familia participan en ellas. Les estarás dando memorias que recordarán toda su vida. ¡Y qué gozo tendrás en el futuro cuando veas que ellos replican con cariño estas tradiciones en sus propias familias!

...Presten atención y no olviden las cosas que han visto sus ojos,
ni las aparten de su corazón mientras vivan.
Cuéntenselas a sus hijos y a sus nietos.
Deuteronomio 4:9

8. No dejes a nadie fuera.

"En medio de guerra, sé una casa de *paz*."

La mejor manera de celebrar al Príncipe de Paz es buscando la paz con otros.

Es momento de pedir y otorgar perdón, de buscar reconciliar aquellas relaciones que se han roto, de dar pasos de fe y volver a buscar. Unas de las celebraciones más significativas son las que están acompañadas de reencuentros. Y es una magnífica manera de honrar a Jesús, el que nos reconcilió con el Padre. No vivas con pleitos pasados, tuyos o de tus antepasados, es un buen tiempo para reconciliar y unir.

Por lo tanto, si alguno está en Cristo, es una nueva creación. ¡Lo viejo ha pasado, ha llegado lo nuevo! Todo esto proviene de Dios, quien por medio de Cristo nos reconcilió consigo mismo y nos dio el ministerio de la reconciliación.
2 Corintios 5:17-18

9. Sé sensible con el necesitado.

"La mejor manera de celebrar es *dando*."

Puedes encontrar maneras muy creativas para dar a los menos favorecidos. Pide a Dios te guíe cómo ser de bendición para otros.

Una Navidad mi esposa y sus hermanas armaron unas despensas, las subimos al coche y con los niños fuimos a buscar en unos pueblos cercanos las casas de las viudas.

Llegábamos al pueblo y preguntábamos: ¿Dónde vive una viuda? e inmediatamente nos indicaban hacia varias casas.

Mis hijos corrían a tocar en las puertas y daban el regalo, algunas personas nos invitaban a pasar, platicábamos de Cristo y seguíamos nuestro camino.

Es una de las navidades que los hijos más recuerdan, y algo que quieren repetir cada año. Sin duda es más bienaventurado dar que recibir, ¿no estamos celebrando a un Dios que dio?

10. Da gracias a Dios antes de la Cena de Navidad.

"Da gracias que hay un destino mayor para el hombre."

Probablemente no todos los que se han reunido en la celebración tienen esta sencilla y profunda costumbre de agradecer antes de los alimentos, pero te animo a ser valiente y tomar autoridad pidiendo permiso de hacer una oración antes de cenar. La ocasión lo amerita. Da gracias a Dios por la familia, por la razón de la celebración, por la casa anfitriona y por la convivencia, verás que pondrá un tono distinto a toda la reunión.

Sé creativo en tu oración. Más que una oración rígida que tengas de memoria que repite frases que todos conocen, te recomiendo tengas una plática espontánea con Dios, agradeciéndole a Dios por hechos y acontecimientos importantes para la familia ese año, como nacimientos, bodas o la partida de familiares, y asegúrate de darle la honra al que la merece.

11. Enciende luces o velas de una forma simbólica.

"Las tinieblas no pueden comprender la *luz*,

nunca la pudieron sofocar, nunca la pudieron someter."

Hay algo especial en iluminar con velas o foquitos nuestros hogares, crean un ambiente muy especial y podemos darles un significado profundo.

En nuestra iglesia tenemos una hermosa tradición que tiene que ver con luces y velas. En un momento de la reunión especial de Navidad hablamos de cómo la luz, que es Cristo, resplandeció en las tinieblas y su destello transformó el entorno, esta luz ha sido pasada de generación en generación por sus discípulos hasta nuestros días. Apagamos todas las luces de la iglesia, y mientras escuchamos un canto especial, encendemos una vela central (normalmente le damos el privilegio a una persona de la tercera edad), y de ésta se comienzan a encender las velas de cada persona mientras decimos al otro: "Recibe la luz de Cristo". Es impactante ver la velocidad con que se vuelve a iluminar la iglesia, ahora sólo por la luz de las velas. Entonces oramos juntos para que Dios nos permita salir a las naciones llevando la luz de Cristo.

La luz en las tinieblas resplandece, y las tinieblas no prevalecieron contra ella.
Juan 1:5 (RV)

12. Sé creativo en tus regalos.

Los regalos son algo hermoso de la Navidad, pero creo que nos hemos dejado llevar demasiado en este aspecto por la hábil mercadotecnia del consumismo. Seamos creativos en cuanto a lo que regalamos, centrémonos en la idea de que lo importante es el gesto, el detalle, el amor demostrado, no tanto el objeto material.

"Aquel que no tiene la Navidad en su corazón,
jamás la encontrará bajo el árbol" -Roy L. Smith

¿Te ha tocado ver la cara de alguien decepcionado por el regalo que ha recibido?

Seamos balanceados en nuestras expectativas, y aprendamos a apreciar más la intención. Seamos bondadosos y espléndidos al regalar, pero hagamos la pregunta ¿cómo le puedo dar mayor valor al regalo que doy a la persona que amo? Hazlo personal, que sea algo pensado y planeado.

En ocasiones en los intercambios de regalos familiares ponemos la regla de que tiene que ser hecho por la persona que lo regala. Para mí, estos son los regalos más especiales, porque hablan no de una compra nocturna de emergencia, sino de un tiempo invertido en pensar en la otra persona.

Si a la hora de envolver lo haces de manera sustentable, estarás beneficiando las generaciones venideras.

Si eres sabio con la administración de los recursos destinados a los regalos, estarás dando a tu familia otro regalo: paz financiera, en lugar de deudas que les traerán dolores de cabeza aún después de las fiestas.

"La Navidad en sí, es la celebración
del más *extraordinario* de los regalos"

13. Acompaña esta época con palabras de afirmación.

Las palabras amables y de ánimo pueden ser el mejor regalo, no desbalancean el presupuesto y serán bien recordadas.

Es la época ideal para enviar tarjetas con mensajes navideños, ya sea electrónicos o no; de hacer llamadas con saludos llenos de buenos deseos y agradecimientos personalizados.

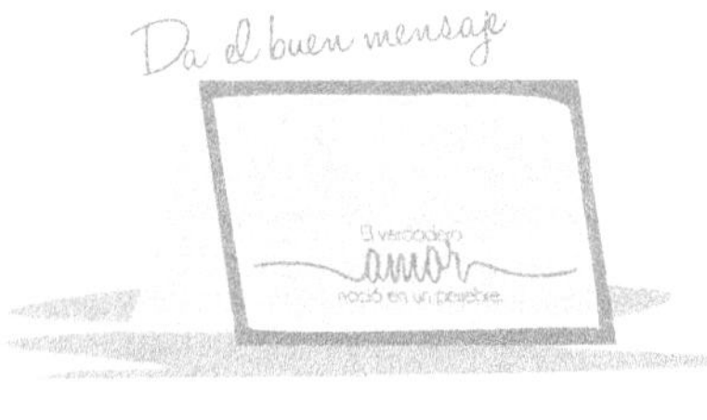

El mejor uso de nuestras palabras es cuando compartimos el evangelio y la historia de amor de Navidad con otros que no la conocen.

El Señor omnipotente me ha concedido tener una lengua instruida, para sostener con mi palabra al fatigado.
Isaías 50:4

14. Procura el contacto físico cariñoso con todos y entre todos.

Cada persona recibe el amor de diferentes maneras, algunos a través de regalos, otros con palabras de afirmación, pero hay muchos para quienes un buen abrazo, una palmada o un beso cariñoso son la mejor manera de decirles que los aprecias.

La palabra *"apapacho"* describe muy bien a lo que me refiero, su significado es: "ablandar con las manos". Apapacha, pues a tus seres queridos, abrázalos con el alma, sánalos con el corazón.

> *...Lo vio su padre, y fue movido a misericordia,*
> *y corrió, y se echó sobre su cuello, y le besó.*
> *Lucas 15:20 (RV)*

15. Ten una actitud de servicio.

Otra forma de demostrar afecto en esta época es haciendo actos de servicio, son una forma poderosa de dar. Hacer un favor a alguien es un regalo muy original que será muy agradecido.

¿Qué habilidad manual tienes? ¿Qué talento o conocimiento especial? Inviértelo en esa persona que amas que necesita esa reparación, mantenimiento o detalle.

En cada reunión, hay mucho trabajo de preparación antes y de ordenar todo cuando la fiesta ha acabado. Manténte alerta a las oportunidades de ayudar y cuando las detectes ¡salta a la acción! Esa actitud será un tesoro para otros, y la satisfacción interna, para ti.

> *...así como el Hijo del Hombre no vino para*
> *que le sirvan, sino para servir...*
> *Mateo 20:28*

16. En las conversaciones habla poco y escucha mucho.

Esta época no se trata de ti, se trata de los demás, escucha más de lo que hablas, recuerda que por eso tenemos dos oídos y una boca.

A la mayoría de las personas nos gusta hablar, decir lo que pensamos o sentimos, pero en realidad, la satisfacción de haber permitido que los otros sean los que se expresen y haber escuchado atentamente finalmente es mayor. Al término de la velada es grato deducir que conoces un poco más a las personas con las que conversaste debido a que mantuviste una actitud receptiva.

Es necio y vergonzoso responder antes de escuchar.
Proverbios 18:13

17. Sé agradecido, con Dios, con tu familia y con los demás.

Agradece cosas inmediatas pero también cosas que hallan sucedido durante el año, o en tiempos pasados. El alma agradecida crea puentes. Siempre es más agradable estar junto a alguien agradecido que junto a un quejumbroso.

Especialmente a los niños, puede sucederles que al día siguiente de haber recibido algún regalo no recuerdan quién se los dio y por lo tanto no pueden agradecerle, anímalos a poner más atención en las personas que en los mismos objetos, y que muestren su agradecimiento.

Para el que dio, siempre es muy grato recibir una nota o mensaje unos días después explicando cuánto apreciaron el obsequio. Es un buen hábito que no debe perderse.

18. Pelea el ambiente no la presentación.

En especial si tiendes al perfeccionismo, seguramente te gusta que todo esté exactamente como lo soñaste, pero la realidad es que esto sucede pocas veces. No sacrifiques el ambiente frustrándote por no obtener la perfección, sé tolerante y ríete aun de las ocasiones en que las cosas no salieron como querías... incluso cuando quemes el pavo.

Sé realista de lo que puedes y tienes que hacer. El mejor regalo que puedes dar -y hablo en especial a las amas de casa- es nunca perder tu sonrisa y mantener una actitud de celebración, aunque alguien se haya equivocado y le haya puesto sal al ponche.

19. Pasa por alto la ofensa.

Presente o pasada, deja a un lado aquella diferencia o problema. El que no perdona es el que está preso de esa situación dolorosa. En ocasiones el ofensor ni siquiera está consiente o se acuerda del problema, mientras el que no perdona está frustrado y enojado. La falta de perdón es una raíz de amargura y ésta echa a perder las fiestas... y el corazón.

La Navidad habla de la intención de Dios de estar a cuentas con nosotros, los ofensores, enviando a Su Hijo a traer paz y reconciliación entre el hombre y el Padre.

20. Toma autoridad y comparte de Jesús:

"La Navidad es una *invitación* anual

para acercarnos a Dios"

No todos nuestros familiares saltan de gozo al oír de Jesús, y prefieren centrar los festejos en los regalos, en la reunión familiar o en el ponche (en especial si tiene "piquete"), pero esta época es un momento donde vale la pena ser valiente y hablar de Jesús. Ya está la música Navideña, el ambiente de buenas intenciones, lo único que falta es un enviado del cielo que diga *les tengo buenas noticias, les ha nacido hoy un Salvador*". ¿Serás tú esa voz esta Navidad?

"Belén no es sólo una alegre historia del pasado,
sino una *promesa* de gozo para el presente"

CAPÍTULO 6

El intercambio de *regalos*

EL INTERCAMBIO DE REGALOS

El amor da

El verdadero amor nació en un pesebre. Uno de los atributos de Dios es que "Él es Amor", y una de las características básicas del amor es que da. Puedes dar sin amar pero no puedes amar sin dar. Dios dio a su hijo Jesucristo, para cumplir su plan de salvación para el hombre, pues por un hombre todos mueren, esto es, por Adán que desobedeció, pecó en contra de Dios y fue echado de su presencia. La relación entre Dios y el hombre se rompió, pero por otro Hombre todos serán vivificados, esto es por Cristo (1 Corintios 15:22), quien al dar su vida en la cruz nos reconcilió nuevamente con el Padre al pagar y limpiar nuestros pecados. Por eso decimos que Cristo es nuestra paz (Efesios 2:14), en Él somos reconciliados con Dios.

Para algunos, de primera impresión creen que Dios es rígido y poco amoroso, pero él fue quien proveyó lo necesario, a Su Hijo, para restaurar la relación rota por el hombre. Él tomó la iniciativa y Él llevó el costo. Sí, Dios es justo, pero *Amor* es también su descripción más fiel. El amor es firme y es además, arrojado y da sin medida. ¿Será que en la Navidad exista la costumbre de dar regalos porque se toma de la idea del regalo más grande hecho por Dios a la Humanidad?

*"El verdadero amor, el de Cristo por nosotros,
excede todo conocimiento"*

La palabra *Pesebre* en griego se dice *fatne*, y significa cajón para echar el pasto para los animales. ¿Por qué Dios eligió un Pesebre?, El pueblo de Belén -según entendemos en la narración Bíblica- en ese momento estaba repleto de personas que llegaron para empadronarse, y todos buscaron los mejores mesones pero nadie se peleaba por un pesebre, así que fue lo que quedó. Suponemos que José tuvo que viajar a un paso muy lento ya que María estaba cerca de tener al bebe Jesús y cuando llegaron a Belén, ya era de noche y lo único que encontraron fue un establo.

Cuando nació Jesús los ángeles anunciaron su llegada a los pastores, y tuvieron que decirles que buscaran en un pesebre, porque quien espera a un rey salvador, no lo buscaría naturalmente ahí, ¿cierto?

Cuando Herodes se vio sorprendido por los Reyes Magos que no regresaron a decirle en dónde estaba el Rey, mandó a matar a todos los niños menores de dos años de la región, porque ¿cómo encontrarlo? Nadie sospecharía de un sencillo cajón de paja.

Sin embargo, Dios decidió dar el regalo más especial, necesario y esperado con una envoltura poco convencional, de hecho, con una apariencia poco deseable, el poder del amor del cielo envuelto en pañales en un sencillo y humilde pesebre, ¿quién lo hubiera planeado así?

Nadie se peleaba por un Pesebre
Nadie buscaría en un Pesebre
Nadie sospecharía de un Pesebre
Nadie planearía alrededor de un
Pesebre.

"Pero Todos podrían Participar en un pesebre"

Un regalo muy especial

Sin duda, algo que caracteriza la Navidad son los regalos, y ¿a quién no le gusta recibirlos?, Una costumbre muy divertida es hacer un intercambio con ellos.

Hay un juego que consiste en poner varios regalos envueltos, de acuerdo al número de personas en la reunión. Algunos de los obsequios son grandes y otros chicos, unos con una envoltura elegante y otros pobremente envueltos.

Nadie sabe lo que hay adentro y se comienzan a pasar los diferentes regalos entre las personas participantes, todos tienen sólo uno y existe un tiempo en donde los pueden intercambiar entre ellos tomando turnos, el que tiene el turno tiene derecho de tomar un regalo de alguien y dar el suyo, para el que no es su turno no puede decir nada al respecto.

Es notorio ver cómo normalmente se "pelean" por los más grandes o por los más hermosamente envueltos, sin saber qué contienen por dentro y muchas veces los más pequeños y sencillos son los que tienen mejores regalos. La sorpresa es al final del juego cuando cada quien abre su regalo y ve que generalmente el contenido no estaba acorde a la envoltura.

Cuando tú y yo creemos en Jesús, en su vida, su enseñanza, su muerte redentora y su poderosa resurrección y tomamos para nosotros su Salvación, lo que hacemos es un *intercambio de regalos* con Jesús. La envoltura del regalo de Jesús como decíamos es sencilla de entrada y puede de principio no parecer atractiva, pero contiene el regalo más valioso de todos los tiempos: "La Vida eterna con Dios".

Hay cantidad de otros *regalos* en el mundo con envolturas muy extravagantes, que llamarán nuestra atención, pero al final del juego de la vida podríamos ser sorprendidos en encontrar algo de muy poco valor en ellos.

Tomó 30 años para que Jesús comenzara su vida pública, es decir, a manifestar el llamado por el cual fue enviado al mundo. En 3 años manifestó la Vida del Reino por donde quiera que caminaba y nunca perdió de vista la cruz, un lugar difícil, un lugar de encuentro, un lugar donde el Rey como siervo sufriente conquistaría lo que nosotros por nosotros mismos no podemos conquistar. La cruz es el lugar donde el intercambio de regalos con Dios sucede.

Un Intercambio que se recibe por Fe

En el intercambio de regalos con Cristo sólo se requiere un ingrediente, la Fe. Es por Fe que recibimos todo lo que Jesús tiene para nosotros y al mismo tiempo entregamos todo lo que nosotros tenemos para Él.

Este *intercambio de regalos* seguro no te parecerá justo, porque lo que Él nos da no se puede comparar con lo que nosotros tenemos para ofrecerle, pero es necesario si deseamos pasar la eternidad con Cristo.

Cuando tú das un regalo, tú decides qué poner en él. Dios ha dado a Jesús a la humanidad y ha sido Él el que ha decidido qué poner en ese presente pensando en ti.

Cuánto me apeno de la parte que yo puse en mi *regalo* (si es que lo puedes llamar así), una vida en pedazos que había estado alejada de Él; pero reconozco que no tenía nada más que dar. Y nuevamente en esto Dios demuestra su amor para con nosotros, en que aún siendo pecadores Cristo murió por nosotros. (Romanos 5:8).

Para entender el *intercambio de regalos* volvamos a recurrir al libro de Isaías donde nos habla nuevamente de lo que Jesús hizo por amor:

Despreciado y rechazado por los hombres, varón de dolores, hecho para el sufrimiento. Todos evitaban mirarlo; fue despreciado, y no lo estimamos. Ciertamente él cargó con nuestras enfermedades y soportó nuestros dolores, pero nosotros lo consideramos herido, golpeado por Dios, y humillado. Él fue traspasado por nuestras rebeliones, y molido por nuestras iniquidades; sobre él recayó el castigo, precio de nuestra paz, y gracias a sus heridas fuimos sanados. Todos andábamos perdidos, como ovejas; cada uno seguía su propio camino, pero el SEÑOR hizo recaer sobre él la iniquidad de todos nosotros. Maltratado y humillado, ni siquiera abrió su boca; como cordero, fue llevado al matadero; como oveja, enmudeció ante su trasquilador; y ni siquiera abrió su boca. Después de aprehenderlo y juzgarlo, le dieron muerte; nadie se preocupó de su descendencia. Fue arrancado de la tierra de los vivientes, y golpeado por la transgresión de mi pueblo. Se le asignó un sepulcro con los malvados, y murió entre los malhechores, aunque nunca cometió violencia alguna, ni hubo engaño en su boca. Pero el SEÑOR quiso quebrantarlo y hacerlo sufrir, y como él ofreció su vida en expiación, verá su descendencia y prolongará sus días, y llevará a cabo la voluntad del SEÑOR.

Isaías 53.3-10

No hay explicación lógica, porque nadie ha hecho nada para merecer esta oferta. Este es el significado de la cruz: "Un Intercambio".

El intercambio contiene dos aspectos, uno físico y uno espiritual:

- En el espiritual, Jesús fue castigado por nuestro pecado para que a cambio nosotros seamos perdonados y tengamos paz con Dios.

- En el físico, Jesús fue herido para que nosotros seamos sanados.

Él mismo, en su cuerpo, llevó al madero nuestros pecados, para que muramos al pecado y vivamos para la justicia. Por sus heridas ustedes han sido sanados.
1 Pedro 2:24

Este intercambio de regalos, es todo suficiente, en la misericordia de Dios, este intercambio ocurrió en la cruz, y en él obtenemos Salvación, Vida eterna y LIBERTAD verdadera.

El intercambio

- Jesús fue castigado para que nosotros seamos perdonados.
- Jesús fue herido para que seamos sanados.
- Jesús llevó nuestros pecados para que nosotros fuéramos justificados con su justicia.
- Jesús murió nuestra muerte para que nosotros compartiéramos su vida.
- Jesús se hizo pobre con nuestra pobreza para que nos hiciéramos ricos con sus riquezas.

- Jesús cargó con nuestra vergüenza para que compartiéramos su gloria.
- Jesús soportó nuestro rechazo para que nosotros tengamos su aceptación como hijos de Dios.
- Jesús cargó con nuestra maldición para que nosotros recibiéramos su bendición.

No es la lista completa de todo el intercambio que ocurrió en la cruz, pero nos puede dar una idea, a este canje lo llamamos "Salvación".

Ya vimos lo que contenía el regalo que nos tocó a nosotros, pero no hemos hablado de lo que contenía el regalo que le tocó a Jesús en intercambio. El ofrecimiento que preparamos antes de conocer a Cristo contiene: heridas, pecados, muerte, pobreza, vergüenza, rechazo, enfermedad y maldición, y no es una lista exhaustiva, mas nos puede dar una idea.

¡Qué contraste con el obsequio de Jesús que contiene: Perdón, sanidad, justificación, vida, riquezas, abundancia, gozo, aceptación, bendición y paz!

No lo digas, yo sé que no es justo, que te da pena, pero así lo ha decidido Dios, ahora, no te preocupes porque Jesús, sí obtiene algo que es valioso para Él en este intercambio. Él gana una familia. Al creer en Él, tú y yo somos hechos Hijos de Dios, y coherederos con Cristo. Al despojarnos de "nuestro regalo" podemos acercarnos a Dios; de esto se trata la Navidad, una gran familia en Cristo que festeja que ya no somos esclavos del pecado, ahora somos hijos de un Padre amoroso, el Padre que está en los Cielos.

¿Ya hiciste el intercambio de regalos?

Algo interesante de conocer el contenido de los regalos es que es una buena manera de estar seguro de si ya realizaste el intercambio de regalos en tu vida o no. Es muy sencillo, solo ve ¿qué presente tienes en las manos? ¿Es uno que contiene heridas, pecados, muerte, pobreza, vergüenza, rechazo, enfermedad y maldición? Entonces no has hecho el canje. Pero si es uno que contiene, perdón, sanidad, justificación, vida, riquezas, abundancia, gozo, aceptación, bendición y paz, entonces: ¡felicidades, ya has hecho el intercambio y vives en Su Salvación!

Toma un tiempo en este momento para platicar con Dios, la salvación es algo personal entre tú y el Rey. Se trata de restablecer una relación rota o distante entre tú y Él; platícale tus dudas, confiésale tus pecados, pídele perdón, pídele ayuda.

Cada vez que pecamos contra nosotros mismos o contra un tercero estamos también pecando contra Dios, recuerda que Él es un Dios que ofrece perdón, pero hay que pedirlo, y lo más importante es el que declares hoy que Jesús es tu Señor, invítalo a vivir en ti, y toma el regalo que ha preparado especialmente para ti... ¡ah! y por favor, no te quedes con el tuyo, entrégaselo, Él sabrá qué hacer con todo eso.

Señor delante de ti estoy, tú conoces todo en mi vida, yo hoy veo que eres un Dios de amor, ante ti soy confrontado, perdóname por haber vivido lejos, perdóname porque he pecado en contra de ti, me arrepiento. Dios, reconozco en Jesús tu regalo de amor por mí. Hoy decido declarar a Jesús como mi Señor, creo en él, en su vida, su enseñanza, su muerte y resurrección, y Jesús ven y vive en mi, Amén.

Alguien me decía: "¡Al saber todo esto me siento deudor ante Dios, como que le debo algo!" Creo que ese es el mejor sentimiento a tener, reconociendo continuamente el gran precio que fue pagado por nosotros: la vida de Jesucristo. Nos hace sentir amados, con valor, y sí, nos hace sentir deudores ante tan grande amor.

Le pido a Dios que así como intervino en la Tierra en esa noche que hoy llamamos Navidad, también intervenga en tu vida con poder y amor, que te revele más y más a Cristo que es el Camino, la Verdad y la Vida.

Sí, el verdadero Amor llegó a un pesebre, Jesús es el Amor del Padre dado a ti.

Y concluyo este libro con esta promesa de Dios para ti:
Hoy ya nadie podrá apartarte del verdadero amor que Dios nos ha dado en Cristo Jesús nuestro Señor.

Pues estoy convencido de que ni la muerte ni la vida, ni los ángeles ni los demonios, ni lo presente ni lo por venir, ni los poderes, ni lo alto ni lo profundo, ni cosa alguna en toda la creación, podrá apartarnos del amor que Dios nos ha manifestado en Cristo Jesús nuestro Señor.
Romanos 8:38-39 (énfasis añadido)

FIN

"El verdadero amor nació en un pesebre,
murió en una cruz,
dejó una tumba vacía
y una promesa de regresar"

APÉNDICE

APÉNDICE

*"…por cuanto todos pecaron, y están destituidos
de la gloria de Dios".
Romanos 3:23 (RV)*

Todos hemos fallado de alguna forma en nuestro intento de caminar conforme a la voluntad de Dios y hemos pecado en contra de Dios al herir a nuestros familiares y amigos siendo insensibles, mintiendo, estando centrados en nosotros mismos, engañando, odiando, al tener caídas morales, etc. ¿Te puedes identificar con esto?

Mira lo que sucede cuando pecamos:

*"Porque la paga del pecado es muerte, mas el regalo de Dios es
vida eterna en Cristo Jesús Señor nuestro".
Romanos 6:23 (RV)*

Al estar en pecado, lo admitamos o no, nos hacemos acreedores de una deuda, una deuda que se paga con muerte, muerte eterna que es la separación eterna de Dios. Esta deuda debe de ser pagada, pues Dios es justo.

Pero al analizar la segunda parte de este versículo podemos ver cómo el Señor quiere tener una relación íntima con nosotros por toda la eternidad y nos ha dado un regalo, que es la vida eterna en Cristo Jesús, indicando que podemos recibir el Perdón de Dios si nos arrepentimos y lo buscamos de todo corazón.

¿Por qué es que esto puede suceder? Porque Jesús ha pagado por nuestra deuda muriendo en la cruz, y el perdón y la anulación de nuestra deuda nos lo da como un regalo al creer en Él, y como cualquier otro regalo no nos lo podemos ganar, sólo lo podemos recibir.

¿Cómo lo podemos recibir?

¿Puedes ver qué tan importante es la salvación de una vida separada de Dios?

¿Puedes ver que ya ha preparado este regalo para que nosotros lo recibamos?

Todo lo que tenemos que hacer es reconocer el hecho de que hemos pecado, que merecemos la muerte, y voltear humildemente a Dios, arrepentirnos sinceramente e invitar a Jesús a que reine y sea Señor de nuestra vida, aceptando la vida que nos ofrece.

Jesús te dice hoy:

Hoy te animo a que puedas voltear a Dios. Él es bueno y misericordioso, te invito a hacer la siguiente oración para pedir a Jesús que entre y viva en tu corazón:

"Dios, hoy me doy cuenta que he vivido lejos de ti, a mi manera,
en mi pecado, hoy yo me arrepiento y te pido perdón.
Señor, recibo tu perdón, que no merezco pero que acepto,
recibo el regalo de Vida que tú me das en Cristo Jesús. Creo
que Jesús murió en la Cruz por mí, que resucitó y que está vivo y
que vendrá de nuevo. Y Jesús, te nombro el Señor de mi vida, te
pido que habites hoy en mi corazón y que me guíes en cada
situación, en cada relación. Amén.

"El verdadero amor nació en un pesebre,
murió en una cruz,
dejó una tumba vacía
y una promesa de regresar"

FUENTES BIBLIOGRÁFICAS CITADAS:

1. Warren W. Wiersbe. His Name is Wonderful. Tyndale House, Pub. 1984

2. Jack Hayford. The Christmas Miracle. Rogal Books. 1999."

Otras Publicaciones:

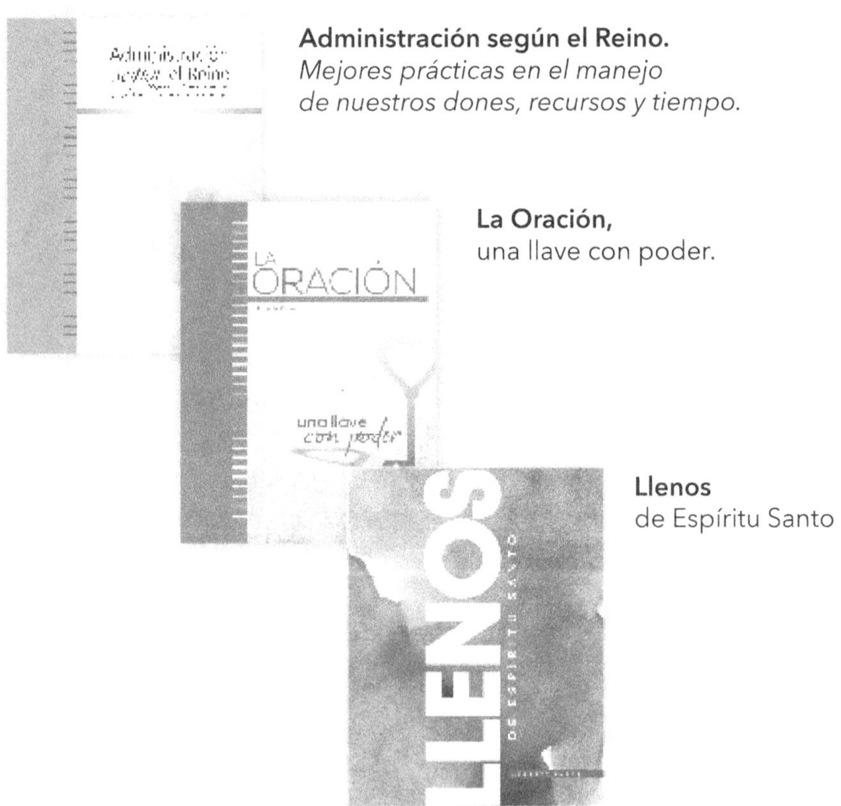

Administración según el Reino.
Mejores prácticas en el manejo de nuestros dones, recursos y tiempo.

La Oración,
una llave con poder.

Llenos
de Espíritu Santo